仏教的ものの見方

「あるがまま」を「あるがまま」に見る

森章司

22世紀アート

目次

凡　例

本文の上部欄外に「小見出し」を掲げた（これには【　】を付した）。本文中に用いられている語句を中心にしているが、本文中の文節の主題・概要を掲げた場合もある。

また頭注として、本文中の叙述で意の尽くせない語句や、人名・書名などについて註として簡単な解説も付けておいた（本文中のこれらの語句には＊を付した）。

序　章　仏教の原点を探る

仏教は難しいか

【ダルシャナ】

現代のインド語（ヒンディー語）では、哲学のことを「ダルシャナ（1）（darśana 発音上はダルシャン）」と言う。古代のインド語（サンスクリット語）でも同じである。これは、ドリシュ（dṛś）という動詞からできた言葉で、ドリシュ（dṛś）は「見る」を意味するから、「ダルシャナ」は字義どおりに訳せば「見ること」を意味する。要するに、インドでは「ものの見方」、あるいはこれから得られた「見解」を哲学と言うのである。もちろん仏教もこの「ダルシャナ」の中に含まれる。

世の中にはたくさんの『仏教入門』や『仏教概説』が著わされていて、この中には必ず「諸行無常《しょぎょうむじょう》」とか「一切皆空《いっさいかいくう》」、あるいは「縁起《えんぎ》」といった言葉が解説される。これらは仏教の教えの中心であるからであるが、しかし「無常（2）」や「空《くう》（3）」にしたところで、たとえば「梵語《ぼんご》（4）anitya の訳語で、生滅《しょうめつ》変化して移り変わり、しばらくも同じ状態に留まらないこと。すべての有為法《ういほう》は生《しょう》・住《じゅう》・異《い》・滅《めつ》の四有為相を有していて、時の流れに流される時間的存在であるから無常であると言われる」とか、「梵語 śūnya（5）の訳。一切法は因縁によって生じたものであるから、そこに我体・本体・実体と称すべきものがなく空しいこと。それ故に諸法皆空と言われる」と辞書的に解説されたところで、とても分かったとは言えないであろう。むしろどのようなものの見方をした結果、「諸行」が「無常」であり、「一切」が「空」であると発見されたかということのほうが大事である。「ダルシャナ」という言葉が語るように、これこそが「哲学する」ことにつながる。

もちろん、ここに言う「ものの見方」とは「仏教的ものの見方」のことである。仏教的なものの見方があって初めて「仏教」があり、仏教的なものの見方があって「無常」や「空」という教えが発見されたのであるから、もしこの「仏教的ものの見方」を修得できたとすれば、その他の仏教の教え、たとえば「四諦《したい》(6)」も「十二因縁《じゅうにいんねん》(7)」も「如来蔵《にょらいぞう》(8)」も「唯識《ゆいしき》(9)」も自ずから知られるはずである。『法華経《ほけきょう》』や『般若経《はんにゃきょう》』の説くところも、素直にうなずけるようになる。またそうなれば、仏教の言う正しい生き方も身につくようになるはずである。

【言語道断】

仏教は難しいと言われる。しかし、なまじ下手な知識や学問があって、「無常」や「空」を言葉をもって理解しようとするから、深みにはまるのではなかろうか。何しろ仏教には言語道断《ごんごどうだん》・言亡慮絶《ごんもうりょぜつ》・不立文字《ふりゅうもんじ》・教外別伝《きょうげべつでん》という言葉がある。「言語道断」は一般的には、口では言い表わせないほど不合理なこと、すなわち「もってのほか」というニュアンスで用いられているが、本来は仏教語であって、「真実は言葉では表現できない」という意を表わす。ほかの三つの言葉もこれと同じ意味で、特に禅宗でよく使われる。いわゆる禅問答(10)は、この言葉では表現できない真実を、言葉以上のもので表現しようとした努力の一つの現われである。だから本来は言葉を捨てなければならない。ところが、本当はやさしい仏教を仏教学者がたくさんの言葉を使って、よってたかって難しくしてしまっている、と言えるかもしれない。いやむしろ、仏教が誕生してから今日に至るまでの二千五百年になんなんとする歴史の中で作られた数多くの聖典そのものが、仏教を七面倒くさいものにしてしまった、と言ってよいかもしれない。

【八万四千の法門】

『テーラガーター』(11)という現在スリランカやタイなどの南方上座部の仏教徒が使っているパーリ語(12)で書かれた原始仏教の経典には(第一〇二四偈)、釈尊《しゃくそん》の後半生をその侍者として過ごしたアーナンダ(13)(阿難尊者《あなんそんじゃ》)の言葉として、

わたしは仏から八万二千の教えを受け、比丘(修行者)から二千の教えを受けた。そこで、これら八万四千の法門(14)が行なわれているのです。

という詩が伝えられている。

このアーナンダの詩が実数を述べたものとすれば、釈尊(15)は三十五歳でブッダガヤーの菩提樹の下で覚りを開かれたあと、クシナガラの沙羅双樹のもとで、八十歳で入滅されるまでの四十五年間を、民

衆教化に力を尽くされたのであるから、試みに、

八万二千÷（四五年×三六五日）

と計算してみると、答えは四・九九二三八九五となる。釈尊は実に、一日に平均五回、説法をされたということになる。

釈尊が本当に、八万四千の法門と言われるほどたくさんのお説教をされたかどうかは分からないが、とにかく仏教は文字にあふれていて、「不立文字」どころの騒ぎではない。しかし、本当はもっと素直に「仏教的ものの見方」を身につけることのほうが大事である。

ところが実は、これが決して生やさしくはない。もしやさしいものなら、世に名僧知識がゴロゴロしていてもおかしくないのに、覚りを開いたというお坊さんや、智徳を兼ね備えた学者にはなかなかお目にかかれない。「仏教的ものの見方」ができるということは、言葉を換えて言えば「仏教の智慧」を獲得したということになるが、「仏教の智慧」を獲得するということは「仏になる」ことと同義だからである。

餚饍の味

【仏教史の時代区分】

ちょっとしたたとえ話をさせてもらいたい。仏教の歴史は、大まかに言うと、釈尊時代から滅後一〇〇年間ほどの原始仏教と、この教えを忠実に継承しようとして、アビダルマ（abhidharma阿毘達磨《あびだつま》（16）と音写する）と呼ばれる煩瑣《はんさ》哲学的な研究・注釈文献を作り、そこでいくつもの思想系統が形成された阿毘達磨仏教あるいは部派仏教と、紀元前後くらいから、それまでの保守的な仏教に飽き足らず、澎湃《ほうはい》として生まれた革新仏教である大乗仏教《だいじょうぶっきょう》に分かれる。しかし、インド仏教史の時代区分については異説もあり、たとえば原始仏教と阿毘達磨仏教を併せて初期仏教と呼ぶこともある。いわゆる小乗仏教《しょうじょうぶっきょう》という言葉に相応するが、これは大乗仏教から投げ捨てられた蔑称であって、この言葉は使わないほうがよい。また、大乗仏教にも発展があり、これを初期・中期・後期などと分ける場合もある。この場合、後期大乗仏教は密教《みっきょう》に相当する。また中期大乗仏教時代には中観派《ちゅうがんは》と瑜伽行派《ゆがぎょうは》という学派も生まれた。本書でも、こうした時代区分を採用する。さて、その瑜伽行派の主要な典籍である『瑜伽師地論《ゆがしじろん》』（17）という書物に、

真実をはっきり知るということは餚饍《こうぜん》（美味なるご馳走）を味わうがごとし（巻九五）という言葉がある。もっと通俗的に言うならば、「大福を食べて、その甘さを知りなさい」と言うのである。大福ぐらい誰でも食べることができるから、仏教の説く真実ぐらいは、誰でも簡単に知ることができる

はずである。ところが、その本当の味を「味わう」ことは、決してやさしいことではない。

【先入観】

世間一般からすれば、フランス料理は屋台のラーメンよりうまいはずである。腹がふくれるだけなら、本格的なフランス料理でも、屋台のラーメンでも同じであるのに、値段は相当違うから、フランス料理のほうがうまくなければ理に合わない。しかし、本当にそうであろうか。瀟洒《しょうしゃ》な建物のしゃれた室内の装飾やＢＧＭなどの雰囲気、値段という先入観に影響されて、フランス料理は高級だと思い込んでいるだけにすぎないのではなかろうか。「さすがにフランス料理だ」とか、「屋台のラーメンはやっぱりこんなものだ」と言う。この「さすがに」「やっぱり」には、すでに何らかの思い込みがある。

もとよりフランス料理もうまいであろうが、屋台のラーメンの味もなかなか捨て難い。いや、そもそもフランス料理とラーメンをどちらがうまいかと比較すること自体、無理があるのではなかろうか。フランス料理はフランス料理としてうまく、ラーメンはラーメンとしてうまい。したがって、フランス料理はフランス料理としての味を味わい、ラーメンはラーメンとしての味を楽しめばよいのに、ついフランス料理は高級で、したがって「さすがにうまい」という先入観が働いてしまう。

【あるがまま】

仏教が難しいとすれば、こういう難しさなのであって、もし値段や雰囲気に惑わされずに、フランス料理の味を味わい、ラーメンの味を楽しむことができれば、それでよいのである。要するに『瑜伽師地論』は、「あるがまま」を「あるがまま」に知ることができれば、それが真実をはっきり知ることだ、と言うのである。だから、仏教の教えそのものは、実は決して難解なものではない。これを縁起（因縁）とか無我・空といった言葉を前面に出して解説しようとすると、フランス料理やラーメンのうまさを言葉で説明するようなものであるから、ついフランス料理とラーメンの値段を比較し、雑誌のグルメ記事のように、「赤坂のフランス料理店〇〇のシェフはパリにあるミシュランの三つ星のどこそこで修業してきた人だ」とか、「浅草の××軒はラーメン店の草分けで、百年の伝統を守っている」という、本質を外れたところでの議論となって、書架を埋め尽くす本の数にならざるを得ない。

【縁起】

「あるがまま」を「あるがまま」に知るという、このような「仏教的ものの見方」のことを仏教では何と言うかといえば、それは「縁起《えんぎ》(18)」の立場に立つものの見方ということになる。後に述べるように、「縁起」は「縁起の理法」と「縁起説」とをきちんと区別すべきであるというのが筆者の考えで、「縁起の理法」というのは、すべてのものはさまざまな関係によって初めて成立するという、現実世界を成り立たせている法則であり、「縁起説」は、「縁起の理法」に則って現実が成り立っているその成り立ち方を、主題を限定して言葉で説明したものを言う。「縁起の立場」に立つものの見方は、「縁起の理法」をもののの見方の基礎にすることであって、この三者はもちろん別物ではない。仏道を修するということは、とりもなおさず、この「縁起説」をはじめとするさまざまな仏教の教えに従って、こうしたものの見方を体得できるようになることである。また「ものの見方」は当然のことながら「考え方」「行ない方」、広く言えば「生き方」に直結するから、主にこのような方面から「中道《ちゅうどう》（19）」という言葉が使われるが、縁起の立場に立ってものを見る見方に従って生きる生き方を「中道」と言うにほかならない。

方　便

要するに、仏教は味わってみなければ分からないのであるが、それにもかかわらず一方では、八万四千の法門と言われるほど多くの、言葉で書かれた聖典を生み出してきた。キリスト教は『聖書』一冊を読めばその全体が分かるのに、仏教は何を読んでよいか分からないほど膨大な聖典があるというのは、いったいどうしたわけであろうか。

【芸術家と芸術論】

優れた芸術家は、決して美学や芸術論を学んで、その域に達したのではない。もしそういうものが身に備わっているとするなら、それは自然に備わったのである。したがって、もし彼らが弟子に教えるときには、決して美学や芸術論というものを説くことはあるまい。だから弟子はその制作過程を共に体験し、その結果である作品を学ぶことによって体得しなければならない。

【背中で説く】

仏教のものの見方、考え方、生き方もこれに喩《たと》えることができる。直接これを言葉では教えることができないから、その生きざまで教える。しかし、不幸にも、師たるものがそばにいない時には、そうしたものの見方、考え方によって導かれた結果としての教えを手掛かりとして、追体験するしか方法はない。いわば仏典は、釈尊が自身のものの見方、考え方、生き方を描いた作品群なのである。だから、釈尊の八万二千の法門は、いわば言行録の形で伝えられている。仏教の教えは背中で説くと言われる所以である。

【嘘も方便】

また、「嘘も方便《ほうべん》」という言葉もある。仏教の真理・真実は言葉では表現できない、味わってみなければ分からない。といって、何らかの伝達手段を借りなければ教えは伝わらない。方便というのはこの手段という意味であって、釈尊は方便として言葉を用いられた。言葉は真実そのものではないから、言葉が嘘となり、「嘘も方便」ということわざになったものであろう。

【月をさす指】

しかし、あくまでも言葉は《月をさす指》であって月そのものではない（『大智度論《だいちどろん》』（20）巻九）。幼児のように、方向を示す指のみを見て、その指し示されている月を見ないということが往々にしてあるから、そこで言語道断ということが強調されざるを得ないのである。

このように仏典は、方便としての言葉を借りて著わされたものであるが、同時に真実が言葉をもって伝えることが難しいことを十分以上に承知していた。そこで仏典は、数多くの比喩（たとえ）を用いて、できるだけ具体的に真実を伝えようとした。それは、フランス料理やラーメンのうまさは、百万言を借りるよりも、食べた人の恵比須《えびす》顔を見せたほうが、よりいっそうの迫真力をもって表現できるようなものである。

本書は、仏教を「ダルシャナ」として捉えて、《仏教的ものの見方》とはどのようなものの見方であり、それによって人間や世界はどのようなものとして見られたのか、人はどのように生きなければならないとしたのか、換言すれば、仏教の原点には何があったのかを探ろうとした。

しかし、筆者の力量不足で、生硬となってしまった憾《うら》みもないではない。また、「あとがき」に書いたように、本書が目指す「仏教学概論」の副読本としては、仏教の基礎的熟語を過不足なく解説することにも務めざるを得なかった。筆者はかつて『仏教比喩例話辞典』（昭和六十二年、東京堂出版）という辞書を編集したことがあり、仏教にはなかなか巧みな比喩も多いから、本書ではできるだけ多くの比喩の力をも借りて、できるだけ分かりやすく、体系的に、仏教の原点を追究してみたい。

(1) **ダルシャナ**　たとえばインド哲学を、'bhāratīyadarśana' と言う。十四世紀のマーダヴァ（Mādhava）の著わした『全哲学綱要（Sarvadarśanasaṃgraha）』には、十六の哲学が扱われているが、その中に仏教も含まれている。

(2) **無常**　詳しくは第二章（「無上と苦と無我」以下）参照。

(3) **空**　詳しくは第四章（特に「色即是空」以下）参照。

(4) **梵語**　サンスクリット語のことで、インド神話上の創造神である梵天（ブラフマン）の作った言語という伝承から名づけられた。サンスクリット語については第一章の終わりを参照。

(5) **śūnya**　「膨張する」という意味の動詞シュー（śū）から作られた言葉で、中がうつろになった状態を表わす。また数字のゼロを意味する。大乗仏教では最も重要な哲学的用語として用いられるようになり、「空」と漢訳された。

(6) **四諦**　第一章「四諦」以下、および「汝自身をを知れ」以下参照。

（7）**十二因縁**　「十二縁起」とも言う。第二章「苦しみと解説」以下参照。

（8）**如来蔵**　第二章「大乗仏教の人間観」以下参照。

（9）**唯識**　第四章「阿毘達磨仏教の世界観」以下参照。

（10）**禅問答**　禅宗で行なわれる問答を言う。禅匠の言行を記録した『碧巌録《へきがんろく》』や『無門関《むもんかん》』などの語録に、それが生き生きと伝えられている。

（11）**『テーラガーター』**　〝Thera-gāthā〟釈尊の弟子たちが詠んだとされる詩を集めたもの。'thera'は「上座」と訳され、経験を積んだ比丘を言う。比丘尼は'therī'と言い、〝Therī-gāthā〟という文献も残されている。前者は岩波文庫に『仏弟子の告白』、後者は『尼僧の告白』（ともに中村元訳）として収められている。

（12）**パーリ語**　第一章の終わりを参照。

（13）**アーナンダ**　〝Thera-gāthā〟や『侍者経《じしゃきょう》』『涅槃経《ねはんぎょう》』などによれば、アーナンダは釈尊の晩年二十五年間を侍者として過ごしたとされる。

（14）**八万四千の法門**　仏教には多数の教えがあることを表わす。八万四千は多数を表わす比喩的表現と考えられるが、ここに起源があるとも思われる。

（15）**釈尊**　釈迦族の聖者（Sākya-muni）という意味。姓をゴータマ、名をシッダールタと言った。日本では紀元前三八三年に八十歳で亡くなったという説が最も一般的であるが、紀元前四八五年とする説もあり、生没年ははっきりしない。

（16）**阿毘達磨**　第二章の終わりを参照。

（17）**『瑜伽師地論』**　四世紀前半ごろの成立で、著者を漢訳では弥勒《みろく》、チベットでは無著《むじゃく》とする。瑜伽は'yoga'の音写で、この書物の中心主題とする唯識説は、禅定によって観得されるべきものであるところから名づけられた。

（18）**縁起**　'pratītyasamut-pāda'の訳。'pratītya'は「〜に対して」「〜に関して」という意を表わす'prati-'という前接辞に、「行く」という動詞'i'の連続体が合成されたもので、「〜によって」という意味を表わし、'samutpāda'は「一緒に」という意を表わす'sam-'と「上に」という意を表わす'ud-'という前接辞に、「落ちる」という動詞'pad'が合成されたもので、「共に生じる」という意味を表わす。そこで'pratītyasamutpāda'は「さまざまな原因や条件が共に働いて生じること」を意味する。

（19）**中道**　詳しくは第五章「善悪の彼岸」参照。

（20）**『大智度論』**　ナーガールジュナ（龍樹と訳される。一五〇〜二五〇ごろ）の『摩訶般若波羅蜜経』の注釈書。『大智度論』の「大」は「摩訶（mahā）」、「智」は「般若（prajñā）」、「度」は「波羅蜜（pāramitā）」の訳語である。ナーガールジュナについては、第二章の終わりを参照。

第一章　仏教的ものの見方の基礎

真実ということ

【鼻直眼横】

安貞元年（一二二七）に、五年間の修行を終えて中国（宋）から帰ってきた道元《どうげん》（1）は、中国においての参禅の成果を、

ただ鼻直眼横《びちょくげんおう》を得ただけであって、そのほかは何もない。手ぶらで還《かえ》って来た。

と語ったという（『本朝高僧伝』巻一九、『日域洞上諸祖伝』巻上）。

「鼻直眼横」というのは、鼻はタテに、眼はヨコについているということである。道元はこれに続けて、朝ごとに日は東から昇り、夜ごとに月は西に沈むほかに仏法はない、と言ったとも伝えられる。

【花紅柳緑】

五年にも及ぶ異国での厳しい修行の後に得たものはと言えば、鼻はタテに眼はヨコについており、日は東から昇り、月は西に沈むという、何とまあ、たわいのないことをさとったものだと驚かれるかもしれないが、実はこれらの言葉は、

花は紅《くれない》柳は緑

という言葉と並んで、仏教の真理を最も雄弁に語っているのである。

【真理を表わす仏教語】

それでは、仏教の言う真理とはどういうものなのであろうか。漢訳された仏典で真理を表わす語は、「真実」とか「真如《しんにょ》」「如実《にょじつ》」であり、あるいは単に「如」とも「実」とも言う。仏陀《ぶっだ》のことを「如来《にょらい》」とも言うが、これは「真理から来た人」を意味する。

ところで、この「真実」とか「真如」と訳されるサンスクリット語(2)にはいくつかあって、’tattva’（タットヴァ）とか’tathatā’（タタター）、あるいは’satya’（サティヤ）、’bhūta’（ブータ）、’yathā-bhūta’（ヤターブータ）がこれに当たる。

’tattva’や’tathatā’は、「それ」とか「これ」を意味する指示代名詞’tad’からできた抽象名詞で、もとの意味は、「それ（これ）がそれ（これ）としてあること」である。

また、’satya’は漢語で「諦《たい》」とも訳され、これを使った言葉としては「四諦」が有名である。これは「ある」とか「存在する」という、英語で言えばbe動詞に当たる最もありふれた動詞’as’という語の現在分詞であり、したがって’satya’の本来の意味は、「ありつつあること」「存在しつつあるもの」を表わす。

そして’bhūta’も、もう一つのbe動詞である’bhū’の過去分詞で、これも「あること」「存在するもの」

を意味する。この'bhūta'と関係代名詞'yad'に由来する'yathā'が複合してできた語が'yathā-bhūta'で、'yathā'は「〜であるように」「〜の如く」を意味するから、「それ（これ）がそれ（これ）としてあるようにあること」「それ（これ）が存在するように存在するもの」を意味する。

【真理の意味】

このように仏典において真理を示す語は、

「それがそれとしてあること」

「ありつつあること」「存在しつつあるもの」

「あること」「存在するもの」

「それ（これ）がそれ（これ）としてあるようにあること」「それが存在するように存在するもの」

を意味するので、そこで漢訳されるときに「実」や「如」という語が使われたのである。

【事実】

このように真理を表わす古代インド語を、そのもとの意味にまで遡って考えてみると、仏教の言う真理は、

「それ」とか「これ」と指し示すことのできる、身の周りに存在しているもの

を指すことが分かる。要するに「それ」とか「これ」と指でさし示すことのできる、具体的・個別的なも

ので、しかもそれらは身の周りに「ある」ものということになる。したがってそれらは、現象として表に現われているものであって、その陰に隠れて見えないものではなく、また特別な修行や神秘的な体験を経なければ分からないというものではない。もし現実の陰に隠れて見えないようなら、また神秘的な体験をしなければ分からないものなら、「それ」とか「これ」と指でさし示すことはできないし、身の周りに「ある」とは言えない。だから、仏教の言う真理は、むしろ「事実」と言ったほうが分かりやすいかもしれない。

【あるがまま】

そこで筆者は、以上のような意味合いを活かし、また真実とか真如・如実といった漢訳語も活かして、仏教の言う真実を「あるがまま」と言い換えることにしている。

四　諦

以上のような仏教の真実観が、最も簡潔にまとめられたのが「四諦」であるから、しばらくこれを解説することにしよう。

「四諦」は釈尊が覚りを開かれた後の最初の説法、すなわち「初転法輪《しょてんぼうりん》(3)」で説かれた教えで、最初期の仏教の最も代表的な教えと言うことができる。先に述べたように、「諦」の原語（サンスクリット語）は’satya’であり、’satya’は「真実」を意味するから、したがって「四諦」は四つの真実という意味となる。南方仏教徒が使うパーリ語(4)は’cattāri ariya-saccāni’（チャッターリ　アリヤサッチャーニ）と言う。「四つの聖なる真実」という意味である。

その四つとは、苦諦《くたい》・集諦《じったい》・滅諦《めったい》・道諦《どうたい》のことで、

苦諦　私たちは苦しみの存在であるという真実

集諦　苦しみの根底には原因があって、それは煩悩であるという真実

滅諦　苦しみの原因である煩悩が滅すれば苦しみも滅し、それが覚りであるという真実

道諦　覚りのために正しい生活方法があるという真実

ということを表わす。

【四苦八苦】

普通、苦しみは生《しょう》・老《ろう》・病《びょう》・死《し》の四つの苦しみと、憎い者と会う苦しみ（怨憎会苦《おんぞうえく》）、愛する者と別れる苦しみ（愛別離苦《あいべつりく》）、求めても得られない苦しみ（求不得苦《ぐふとくく》）、迷っている私たちは苦しみの存在であるという苦しみ（五取蘊苦《ごしゅうんく》、あるいは五陰盛苦《ごおんじょうく》とも言う）の四つの苦しみで解説され、これが「四苦八苦」という言葉の語源である。

また煩悩は、欲愛《よくあい》・有愛《うあい》・無有愛《むうあい》の三つの愛と解説される。仏教聖典で使われる「愛」という言葉は、砂漠で水を欲するような「根源的な欲望」を意味し、性欲やら金銭欲・名誉欲やらの、生存というものに執着するすべての欲望と解釈しておけばよいであろう。無有愛は自殺願望のように生存を望まないという欲望であるが、それは生存への強い欲望が裏切られたときに起こる、いわば裏返された生存への欲望と言ってよい。

苦しみはこのような欲望があるが故に起こるというのが、仏教の基本的な人生観で、したがってこの欲望が滅すれば、苦しみが解決されることになる。

【八正道】

欲望を滅し、覚りを得るためには、正しい生活・修行をしなければならない。これが、正見《しょうけん》・正思《しょうし》・正語《しょうご》・正業《しょうごう》・正命《しょうみょう》・正精進《しょうしょうじん》・正念《しょうねん》・正定《しょうじょう》の八つの正しい道で、八正道《はっしょうどう》(5)とか八聖道《はっしょうどう》と呼ばれる。若い諸君には、欲望を否定するような人生観は分かりにくいかもしれないが、これについては後に詳しく説明する(第五章)。

ただ、ここで注目してほしいのは、私たちが生まれ、老い、病み、死ぬという苦しみや、性欲・金銭欲といった欲望までが「真実」と把握されていることである。

【真・善・美・聖】

ヨーロッパの哲学やキリスト教などでは、真・善・美・聖が絶対的価値、あるいは普遍妥当なる価値として尊重される。真理というものは善であり、美であり、聖であり、また善であり、美であり、聖でなければ真理ではないという。したがって悪や醜や俗は真理ではない。しかも、キリスト教では真理は神にのみあり、われわれ人間は原罪を背負った者であるから、決して善なるものでも、美なるものでも、聖なるものでもない。だから真なるものでもない。

これは私たちの日常感覚からしても納得されうることで、殺人鬼を連れて来て、これが真理ですよと言われても、にわかには信じられないであろう。

ところが仏教では、私たち自身の苦しみにもだえ、煩悩《ぼんのう》にさいなまれている姿が真実であると言う。汚かろうが、腰が曲がっていようが、おばあさんも真実であれば、ボサボサ頭のジーンズの普段着の私もまた真実である。もちろん、タキシードに身を固め、ヘアトニックで髪を光らせて、舞台の上で気取る私があったとすれば、それもまた真実である。上辺をとりつくろうというのも、また人間の「あるがまま」の姿であるからである。

確かに、覚りとしての滅諦や、正しい生活方法としての道諦は、当然のことながら善であり、美であり、聖であると言ってよい。だからこれらが真実として把握されるのは不思議ではないが、これと同じレベルで、苦しみも煩悩もまた真実と把握されるのである。

【普遍性と妥当性】

このことは、仏教の真実が善とか美とか聖という「価値」とは関係のないところで把握されていることを意味する。また、それに普遍性や妥当性があろうとなかろうと、そのようなものとは関わりがないということをも表わす。

【私の生老病死】

しかしながら、これでもまだ真実を十分に説明したことにはならない。確かに、生・老・病・死は真実と説明されるけれども、生・老・病・死という言葉はいわば抽象概念であって、「それ」とか「これ」と指し示すことのできる具体的・個別的なものではない。十二指腸潰瘍に悩む私の鳩尾《みずおち》あたりのキリキリとした痛みや、喘息に苦しむ私の息も途絶えるかと思うような苦しみこそが、具体的な苦しみである。安逸をむさぼり、それでいて贅沢な暮らしを求めるという私の心こそが、個別的な煩悩である。このように、具体的・個別的に「それ」とか「これ」と指し示しうるものこそが真実なのであって、抽象概念である生・老・病・死や煩悩は単なる言葉であって、決して真実そのものではない。

先に、仏教の真実とは餚饍（うまいもの）の味と言った。ところが、うまいものにもいろいろあって、決して甘いからうまいというものではない。辛いものは辛いものなりに、酸っぱいものは酸っぱいものなりにうまいのであり、Ａ軒のラーメンはＡ軒のラーメンなりに、Ｂレストランのフランス料理はＢレストランのフランス料理なりにうまいのである。もちろん、甘さにしたところで、サクランボの甘さと、さつまいもの甘さと、大福の甘さには自ずからに違いがあり、サクランボにしたところで、一粒一粒に個性があって、たいそう甘いものも、それほどでないものもある。だから、これらの甘さやうまさは、決して抽象的には表現できない。

このように、仏教における真実は、決して抽象的概念や超越的な理念ではない。また善・美・聖といった価値とも関係がない。善は善ながら、美は美ながらに真実であるのはもちろん、悪は悪ながら、醜は醜ながらに真実である。すなわち、「それがそれとしてあること」、身の周りにある「存在するもの」、要するに「あるがまま」が真実なのである。こうした仏教の真実観が、最も端的にまとめられたのが四諦であり、この四諦こそがまさしく「仏の教え」なのであるが、教えの言わんとするところについては後（26ページ以下）に述べる。

如実知見

以上の説明から、仏教の言う真実の特徴はおおよそ理解されたものと信じるが、この真実を知る智慧がどういうものかを説明すれば、よりはっきりとするであろう。

【般若】

仏教の智慧は「般若《はんにゃ》」という言葉で表わされる。『般若経』の「般若」である。この般若のサンスクリット語は〝prajñā〟（プラジュニャー）、パーリ語は〝paññā〟（パンニャー）で、これは「知る」という意味を持つ動詞の〝jñā〟に、「前」を示す前接辞〝pra-〟をつけて作られた言葉であり、単なる「知る」ではなく、「発見する」とか「はっきりと理解する」という意味となる。しかし、「般若」が「知」とか「理解」と意味を取って訳されず、音写して「般若」と訳されるのは、〝prajñā〟が単なる「知」「理解」ではなく、もっと深い意味を有しているからである。

中国人がインド語で書かれた仏教の聖典を中国語に翻訳するときに、次のような言葉は、原語をそのまま残して中国語に翻訳しないこととされた。すなわち「陀羅尼《だらに》(6)」のように秘密にしておくべき言葉、「婆伽梵《ばがぼん》(7)」のように多くの意味を含む言葉、「閻浮樹《えんぶじゅ》(8)」のように中国に存在しないものを表わす言葉、「阿耨多羅三藐三菩提《あのくたらさんみゃくさんぼだい》(9)」のように以前の翻訳家が音写して、一般に意味が知られている言葉、そして「般若」のように中国の一般的な言葉に訳すと軽薄になるような言葉であって、これを「五種不翻《ごしゅふほん》」と言う。このように「般若」は単に「知」「理解」ではなく、もっと深い意味を持つので、中国語には訳されなかった。強いて訳せば、覚りと同等の意味を持つような「智慧」となる。

それでは、この「般若」の智慧によって、知り、理解されるべきものは何であろうか。「般若」という言葉の動詞形の三人称・単数は、パーリ語では’pajānāti’（パジャーナーティ）であるが、これは普通’yathābhūtaṃ’という語を伴って、’yathābhūtaṃ pajānāti’というように使われる。’yathābhūta’は先にも説明したように、関係代名詞’ya’と「ある」という動詞’bhū’からできた言葉で、このままでも「真実」という意味を表わすが、ここでは副詞として用いられていて、「そのように」と訳すべき語であるが、意味を取って訳せば「〜（という真実を）真実のままに」となる。だから、その前に置かれる言葉が「真実のままに」知り、理解されるべき真実を表わすことになる。

原始仏教経典(10)と呼ばれる最初期の仏教の聖典を詳細に調査してみると、それは無常であり、苦であり、無我であり、あるいは苦諦・集諦・滅諦・道諦であるが、不思議なことに理法であるところの縁起が充てられることはない。すなわち、「原理」とか「法則」「哲理」に当たるものは「真実」として扱われていないということになる。

そのことは、実はすでに’yathābhūtaṃ pajānāti’という句自身のなかに含まれている。’yathābhūtaṃ’の原義は「それがそれとしてあるように」という意味であるから、「それがそれとしてあること」は抽象的な「理法」であるはずはなく、具体的・個別的な無常・苦・無我とか、四諦と説明される「真実」でしかあり得ないわけである。

以上のようなわけで、ふつう原始仏教聖典において「真実」とされるものは、身の周りにある具体的・個別的な「あるがまま」を指し、原則としてものごとの底を流れる法則・原理を意味しない。後に説明するように「諦」が真諦と俗諦の二諦に分けられ、真諦が「縁起の理法」を示すようになったのは、仏教が発展して、大乗仏教に至ってからのことである。

そして、現象として現われている「あるがまま」の真実は、朝になると東から太陽が昇り、夜ごとに月は西に沈み、春には花は紅に色づき、柳は緑に芽吹き、鼻はタテに眼はヨコに付いていること以外にはないから、そこで道元は刻苦勉励ののち真実を得て帰り、「鼻直眼横を得た」と喝破したのである。しかしながら、翻って考えてみると、鼻はタテに眼はヨコに付いていることは誰でも知っている。その証拠に、三歳の童児も彼らの描く拙い絵に、眼をヨコに鼻をタテに表わすのである。だから、それが「あるがまま」の真実なら、何も得意気に「鼻直眼横」などと大見得を切ることもないという疑問が生じるであろう。

以上のような「あるがまま」を「あるがまま」に知ることを仏教用語では「如実知見」と言うが、そこで、これをもう少し深く考えて見ることにしよう。

汝自身を知れ

「汝自身を知れ」という有名な言葉がある。ギリシアのデルフォイにあるアポロン神殿の正面の柱に刻み込まれていたと言い、ギリシアの哲学者ソクラテス（11）も重用した句として知られている。この世に生まれ落ちて以来、いやが応にも毎日毎日顔を突き合わせ、一刻たりとも離れて暮らせないのは自分自身である。だから、せめて自分の「あるがまま」ぐらい分かっていてもよさそうなものなのに、はたして何人のひとが自らの「あるがまま」を知っていると言えるであろうか。

私の真実は、ものぐさのくせにセッカチである。こう書くと、さも私は私の「あるがまま」を知っているように聞こえるかもしれないが、しかし実のところはちっとも分かってはいない。その証拠に、ぐうたらと仕事を延ばし、追いつめられて、セッカチにやっつけ仕事をしてしまうから、いつも失敗している。同じ失敗を懲りずに何回も何回も繰り返して、ついに今日に及んでいるのは、結局、自分の「あるがまま」をいまだに「あるがまま」に知っていない証拠である。「汝自身を知れ」という言葉の重い所以である。

【如実知見の働き】

それでは、「如実知見」とはどのように知ることなのであろうか。それは、「あるがまま」を「あるがまま」に知ったとき、そこに働きが生じるものと言ってよい。

仏教における真実の特徴は、善は善ながら、悪は悪ながらに真実とすることだ、と先に述べた。悪は悪ながらに真実だと言うと、つい悪は悪としてまたよしと肯定してしまいがちである。あるいは、真実を表わす諦という字は「あきらめ」とも読むから、煩悩は煩悩、死は死として「あきらめ」が肝心、という俗説も生じる。

しかし、それでは八正道として八つの正しい生活方法が示され、それを踏み行なうことによって人生をよりよく変えていくという道諦としての真実がまったく意味のないものとなってしまう。もし、仏教の真実をこのように捉えると、社会改革に貢献するどころか、現実の矛盾をそのまま容認してしまうことになり、宗教は阿片と批難されても仕方がなくなる。

【分かっちゃいるけどやめられない】

「如実知見」には自ずから伴う「働き」があるというのは、次のようなことである。もし、私が私の短所を「あるがまま」に知ることができれば、自らの短所を是正することができる。ところが、欠点を「あるがまま」に知ることができなければ、永久にこの欠点を是正することはできない。かつて

チョイト一杯のつもりで飲んで

いつの間にやらハシゴ酒

気がつきゃ　ホームのベンチでゴロ寝
これじゃ　身体にいいわきゃあないよ
分かっちゃいるけど　やめられねぇ

という歌詞の、「スーダラ節」という歌が一世を風靡したことがあり、私は仏教の教えの本質を捉えていると感心したものであった。先に述べたように、本当に分かっていれば「やめられる」のに、「分かっちゃいるけどやめられない（12）」のが世の常である。それは本当に分かっていない証拠であって、これが悲しい人間の性《さが》であるということを示しているのである。

風呂の湯が火傷《やけど》しそうなほど熱いことが分かっていれば、誰も入らない。アメリカ大陸まで数千キロもあることが分かっているから、誰も泳いで渡ろうなどと思わない。全世界の一人一人が自らの長所・短所を知っていて、少しでも長所を伸ばし、短所を直す努力をしていたら、世の中はもっと暮らしよいものになっていただろう。

反対に、いくら口に平等を叫んでも、あるいは社会の改革を叫んでも、それが行動となって現われない人は、本当に社会の中に不平等があり、矛盾があることが分かっていないのである。

このように「如実知見」には働きが伴う。なぜなら、欠点を欠点のままに「あるがまま」に知るということは、欠点の中に含まれる修正されるべき要素も「あるがまま」に知るということであり、煩悩を煩悩のままに知るということは、その断じられるべきことを「あるがまま」に知るということだからである。もちろん長所が「あるがまま」に知られれば、この長所がさらに伸ばされるように努力するはずである。

【四諦説の経文】

それ故、仏教の真実観を最も端的に表わした四諦説は、次のように説かれる。

苦諦とはこれである。生まれることも苦である。老いることも苦である。病も苦である。死も苦である。憎い者に会うのも苦である。愛する者と別れるのも苦である。求めて得られないのも苦である。要するに、五取蘊《ごしゅうん》（13）は苦である。

集諦とはこれである。生存というものを存続させる盲目的な欲望であって、性欲と生存欲と生存を否定する欲望である。

滅諦とはこれである。この盲目的な欲望を余りなく滅し、捨て、解脱《げだつ》して執着のないことである。

道諦とはこれである。八つの正しい道（14）である。すなわち、正しい見解・正しい思い・正しい言葉・正しい行ない・正しい生活・正しい努力・正しい注意・正しい禅定である。

比丘たちよ、この苦諦は知られなければならない。

集諦は断じられなければならない。

滅諦はさとられなければならない。

道諦は実行されなければならない。

比丘たちよ、私（釈迦牟尼仏）は苦諦を知り、集諦を断じ、滅諦をさとり、道諦を実行し、これらを「あるがまま」に知ったが故に仏となった（SN. 56-11〈取意〉）。

【四諦の三転十二行相】

これは「四諦の三転十二行相《さんてんじゅうにぎょうそう》」と呼ばれる。苦諦・集諦・滅諦・道諦の四諦について、それぞれ説明（示転《じてん》）と、そうしなければならないという勧め（勧転《かんてん》）と、それが実行された（証転《しょうてん》）という展開があるからである。このように、四諦は「あるがまま」に知られるべきであると同時に、煩悩は断じられ、覚りはさとられ、正しい生活方法は実行されるべきものとして示されるのであって、もし四諦が「如実知見」されたら、煩悩は断じられ、覚りはさとられ、八正道は修せられるはずのものなのである。

原始仏教では「真実」が教えとしてまとめられたのは四諦説であり、そこで釈尊の教えを忠実に継承しようとした阿毘達磨仏教では、「智慧」は真実である四諦を「あるがまま」に知ることと定義された。そして、この「智慧」は、煩悩を断じ、覚りをさとり、正しい生活方法を実行するという働きを有するものと捉えられた。

苦諦が生・老・病・死であると知っているだけ、理解しているだけでは、三歳の童児が眼をヨコに鼻をタテに描くのと異なるところはない。私たちが「あるがまま」に、生まれたら老い、病気し、死ぬものと知り、これを如実に苦しみと実感すれば、それを死にものぐるいで乗り越えなければならないというやむにやまれぬ衝動に突き動かされるはずであり、そうすれば自ずから煩悩を断じ、正しい生活を実行する働きも生まれて、自ずから苦しみは滅し、解決されるはずなのである。そして、そのとき初めて、私たちは「如実知見」を得たと言いうるのである。

無分別智

【無分別】

こうした仏教の智慧はまた「無分別智《むふんべつち》」とも言われる。日常使われる無分別という言葉は、思慮のない浅はかなことを意味するが、仏教本来の用い方からすると、この無分別こそが正真正銘の智慧である。これを辞書風に解説すると、「主観・客観の相を離れて、平等にはたらく真実の智慧。識別・弁別する以前の智慧。概念的思惟を超えた直観智」（中村元著『佛教語大辞典』）ということになり、たいそうむずかしいことになるが、実はこういうことである。先に述べたように、智慧は「あるがまま」の真実を「あるがまま」に知ることである。この「あるがまま」は、私たちの身の周りにある「それ」とか「これ」と指し示すことのできる具体的で個別的な事実のことであるから、私も真実であり、読者諸賢一人一人も真実であり、庭に咲く薔薇の花も、花の香りを運ぶ風も、すべてが真実である。この真実、たとえば私という真実を、身長とか体重・年齢・職業・出身校・経歴などで知ろうというのが分別・識別・弁別であって、決してこれらで私の「あるがまま」は把捉できない。

【予断】

いや、むしろ私の「あるがまま」は、そうしたすべての予断を捨てて、素直に私を見ていただくのが最も正確である。大学の教師と言えば、あるいは何らかのイメージを思い浮かべられるかもしれないが、おそらくそれは私には似ても似つかぬものである。仏教学者と言うと、そのイメージはさらに私から離れるかもしれない。要するに、先入観や予断は、「あるがまま」を「あるがまま」に見る妨げとなるのであって、こうした先入観や予断を捨てて、ものの「あるがまま」を知ることを無分別智と言う。そもそも仏教の真実は、あらゆる価値とは関わりのない「あるがまま」のものそれ自体なのであるから、ものそれ自体を「あるがまま」に見るしか、それを知る方法はない。

数年前のことになるがテレビ放送で、ある大阪の芸能人が終戦直後のエピソードとしてこんな話をしていた。

【芦屋夫人】

その人は芦屋のお屋敷街を仲間と二人で、あやしげな薬を「新聞にも報道されたのでご存知のとおりの、最近ハーバード大学と東京大学の共同研究の結果開発された効果抜群の南京虫駆除薬」という触れ込みで持って回り、手帳にちょいと亀甲の形をした化学式のようなものを書いて見せると、面白いように売れ、大儲けをした。

ところが、手を抜いて近間の大阪市内の長屋を回ると、留守番のおばあさんが出てきて、「ウチは新聞とってません」「ハーバード大学てなんや」というわけで、触れ込みの効果がない上に、ひょいと南京虫をつまんできて、「一度ためしてみよ」ということになって、ほうほうの態で逃げ出さざるを得なかった、と言うのである。

これはまさしく、芦屋の奥様方には新聞・ハーバード大学・化学式といった余計な先入観があって、かえって「あるがまま」が見えず、余計な分別のない長屋のおばあさん方のほうが「あるがまま」の無分別智を得やすいという好例である。

それではこのような「無分別智」や「如実知見」は、どのようにして獲得されるのであろうか。そこで「諦」という語が用いられる、もう一つの基本的で大切な用語である「二諦」を考えて見よう。

二　諦

【真諦と俗諦】

二諦とは真諦《しんたい》と俗諦《ぞくたい》を言う。真諦はインド語で‘paramārtha-satya’（パラマールタ・サティヤ）と言い、「最高の真理」という意味であるから、勝義諦《しょうぎたい》とも第一義諦《だいいちぎたい》とも訳される。これに対して俗諦(15)は、サンスクリット語で‘samvrti-satya’（サンヴリティ・サティヤ）と言い、‘samvrti’は「覆い隠す」「閉じる」「秘密にする」という意味であり、辞書には「偽善」という訳語も当てられている。これを中国で「世俗」と訳したのであって、真理を覆い隠している、現象として現われた世界を意味する。だから「真理」とは相反するようであるが、しかし仏教ではこれも「真理」と把握する。要するにこれこそが、「これ」とか「それ」と指し示すことのできる、私たちの身の周りにある「あるがまま」なる真実である。これに対して真諦は、この「あるがまま」を「あるがまま」に成り立たせている理法とでも言えばよいであろうか。

実はこの「二諦」には、さまざまな解釈があり、なかなか簡単には説明できないが、ここでは次のように説明しておくのが無難であろう。

【最高の価値としての真理と世俗に現われた真理】

物は万有引力の法則に従って、高いところから低いところに落ちる。だからリンゴの実は枝からポトリと落ち、水は山から海に流れる。万有引力の法則も真理であれば、リンゴの実が木から落ち、水が高みから低みに流れるのも真理である。真諦と俗諦は、この同じ真理を別の視点から把握しただけのことであって、法則を「最高の価値としての真理」、リンゴが落ちるという現象を「世俗に現われた真理」と呼んだのである。

【縁起】

仏教の思想では、この引力の法則に当たるものが縁起の理法であり、リンゴの実がポトリと落ちるという現象を、私の鳩尾あたりのキリキリとした痛みや、安逸をむさぼり、それでいて贅沢な暮らしを求めるという私の心を真実と捉え、これを苦諦や集諦と表現した。「無常」や「無我」や「空」と言うのも同じである。ここのところは微妙で、また大切であるから、喩えをもってもう少し説明しておこう。

【琴の比喩】

琴（16）を一かきすると、ポロロンと音がする。この音は現象として現われたもので、すぐにかき消えてしまうし、空気の震動によって生じた実体のないものである。ポロロンという表現はいかにも幼稚であり、たとえば音楽家ならば、五線譜のドミソのところに音符を書き込むであろう。仏教はこれを無常・

無我・空と呼んだのである。

一方、ポロロンという音は、琴の一の糸と二の糸と三の糸を爪弾いて鳴ったのである。しかし、糸だけがあっても、糸の両端がしっかりと固定され、しかも程よく張られていなければ、ドミソという音は出ない。いやそれ以上に、爪弾く人の力がなければ音は出ないし、胴の部分の共鳴がなければきれいな音は生まれない。

このように、ポロロンという音には、ちょうどよく張られた糸や、胴の共鳴、人の力といったものが必要であり、さらに遡れば、琴の材料たる木材、琴を作った人といった数えきれないさまざまなものが繋がり結びつきあって、初めてポロロンと鳴る。さしずめ現代科学なら運動の法則とか共鳴の原理、あるいは相互扶助の法則などと言うところを、仏教では「縁起」と呼んだのである。そして「無常」「無我」「空」を「俗諦」、「縁起」の理法を「真諦」と把握したのである。

【瓶と粘土の比喩】

真諦と俗諦は以上のような意味であるが、これは仏典によく用いられる瓶と粘土の比喩をもって説明すると分かりやすい。瓶は粘土や陶土や釉薬《ゆうやく》（うわぐすり）を原料とし、これに火の力や人の力が加わることによって出来上がっている。したがって、瓶を割り分析すると、さまざまな要素・要因から成り立っていることになるが、瓶は瓶としてあることによって水を運ぶこともできれば、湯を沸かすこともできるのであるから、これはこれとして尊く、真実である。また、瓶はさまざまな要因がなければ存在し得ないから、これまた尊く、真実である。このように、表面に現象として現われている真実を俗諦と名づけ、現象を成り立たせるさまざまな条件があることを真諦と名づけた（『倶舎論《くしゃろん》』巻一三、『成実論《じょうじつろん》』（17）巻二）。

【真諦＝俗諦】

しかしながら、真諦と言い俗諦と言っても、それらは決して別のものではない。それが箜篌《こうこう》（くだら琴）のメロディーとその音、螺貝《らばい》（ほら貝）の白さと螺貝そのものや、黒沈の香りと黒沈、胡椒の辛さと胡椒などに喩えられる。メロディーと音は二つのようであるが、これを分けてみよと言われても、分けることはできない。同様に、螺貝と螺貝の白さは別物ではない（『解深密経《げじんみつきょう》』巻一、『瑜伽師地論』巻七五）。このように、リンゴが落ちるという現象と万有引力の法則は別のものではなく、現象としての無常も無我も、無常・無我たらしめている縁起もまた、別のものではない。

しかも、真諦と俗諦の二つは、二輪車が二輪のあることによって目的地に到達できるように、この二つがそろって初めて覚りに至ることができる、ともされている（『大智度論』巻七二）。したがって、原理・法則は尊く現象は劣っている、ということもない。

【言説諦】

世俗諦は「言説諦《ごんぜったい》（18）」という意味に解されることもある。「それ」とか「これ」と指し示すことができるような真実も、ものは微妙に関係しあってしかあり得ないという法則も、本当のところはそれをじかにつかみ取るしかない。しかしながら、日常使っている言葉というものを借りなければ何事も伝えられないから、そこで《方便（19）》としての言葉を用いざるを得ない。俗諦を言説諦と言う場合は、こうした言葉を借りて真実を示そうとする方便の立場を真実と言ったものであり、このような立場に立って真諦を捉えれば、言葉で語られる法則としての真理も、無常・無我・空として表現される現象としての真実も、すべて俗諦であり、その言葉によって語られる法則や真実自体が真諦ということになる。

以上のように仏教は、現実も現実の底に流れる法則も、迷いも覚りも、言葉で表わされたものも、言葉では表現され得ない霊妙なものも、すべてを「真実」と捉える。すなわち「あるがまま」の姿も、「あるがまま」を「あるがまま」に成り立たせているものも真実である。

【dharma】

それは「法」と訳される'dharma'（ダルマ）という語の意味するところを考えてみると分かりやすい。'dharma'は「保持する」「支える」という意味の'dhṛ'（ドリ）という動詞からできた言葉で、さまざまな意味に使われるが、一つは「不変の法則」とか「普遍的な理法」を意味する。「保持し」「支える」側から捉えたものである。すなわち、「あるがまま」を「あるがまま」に成り立たせているものを「ダルマ」と言ったのである。これを仏教聖典の中の文章をもって具体的に示せば、

縁起を見る者は法を見る。法を見る者は縁起を見る（MN. 象跡喩経、『中阿含経《ちゅうあごんきょう》』巻三〇　象跡喩経）。

という文章の中の「法」がこれに当たる。

また仏教のことを「仏法」と言う場合もあるが、これも「仏教」を「仏教たらしめているもの」を「法」と呼んだのであって、やはり主体の側を捉えたものと言うことができる。

そして、もう一つは「保持され」「支えられる」側から捉えたもので、法則としてのダルマによって成り立っている「現象」を意味する。それが、

もろもろの法は無我である（諸法無我《しょほうむが》（20））
もろもろの法は実相である（諸法実相《しょほうじっそう》（21））

と言うときの「法」であって、後述するように仏教ではこの現象をさまざまな要素に分析するから、これは「五蘊《ごうん》（22）」とか「十二処《じゅうにしょ》（23）」などと表わされることが多い。要するに「理法」として保持しているものも、「理法」によって保持されているものも、この両方を「ダルマ」と呼ぶのである。

これを真実という言葉で表わすと、「あるがまま」を「あるがまま」に成り立たせているダルマを「真諦」と言い、「あるがまま」たるダルマを「俗諦」と呼んだのである。だから現代語で言うとすれば、「真

諦」を「真理」と呼び、「俗諦」は「事実」と呼ぶと分かりやすいかもしれない。

このように事実としての「あるがまま」の根底には真理としての「縁起」の理法があり、事実はこの縁起によって事実たらしめられている。したがってこの事実を「あるがまま」に知るためには、縁起の理法に則ったものの見方をしなければならない。

それでは縁起の理法に則ったものの見方とは何であるかと言えば、長屋のおばあさんのように先入観や固定観念に影響されずに、ものを見るものの見方のことである。すべてのものは関連しあって成り立っており、条件が変われば結果も変わってくるというのが「縁起」の理法であるから、一つのものの見方に固執した固定観念や先入観は、縁起の理法に基づいたものの見方とは反することになる。要するに固定観念や先入観を排し、虚心坦懐にものを見る見方こそが「縁起」の理法に基づいたものの見方であって、したがって縁起の立場は「立場のない立場」と言い換えることができる。さまざまな立場に立って、一つのものの見方に固執しないものの見方のことだからである。こうして初めて、「あるがまま」は「あるがまま」に知られるようになるのである。

一切種智と後得智

以上のように真諦と俗諦は相即しあっており、縁起の立場に立って初めて「無分別智」は得られるのであるが、しかし仏教はさらに深く「智慧」を追究する。それが「一切種智」と「後得智」である。

【一切智と一切種智】

仏教における最高の智慧は「一切種智《いっさいしゅち》」とも呼ばれる。これは「一切智《いっさいち》」をも超えた智慧とされるが、これを辞書風に解説すると、「すべての存在に関して概括的に知る智慧が一切智であり、すべての存在に関して平等の相に即して差別の相をさらに精細に知る智慧が一切種智であって、前者を声聞《しょうもん》（一段階劣った覚りを得た聖者）の智慧、後者を仏の智慧とする」（法蔵館『仏教学辞典』〈取意〉）ということになる。すなわち、本当の智慧は一つ一つのものを具体的に、また個別的に「あるがまま」に知る智慧であって、総体的に平等に知る智慧よりも尊ばれるのである。

【根本智と後得智】

智慧はさらに、「根本智」と「後得智《ごとくち》」に分けられることもある。「根本智は真如にかなってはからいを離れ、ものの本質のありのままが平等で差別のないことを知る智であり、後得智は根本智によって平等の理をさとった上で、平等に即して現象界の差別のすがたを知る智である」（『仏教学辞典』〈取意〉）と解説されるように、先の「一切智」と「一切種智」に相応する。

世親《せしん》（24）菩薩という大論師が兄の無著《むじゃく》（25）の『摂大乗論《しょうだいじょうろん》』という書物を注釈した『摂大乗論釈』（巻

八）という書物に、「根本無分別智は虚空《こくう》のようなもので、一切のところに遍満し、空空漠漠として分別することができないが、後得無分別智は、空中にさまざまな色や形を現わすようなものである」と解説されるのも、こうした消息を表わしたものである。

このように、仏教における真実が、具体的で個別的なものと把握されていたために、その智慧も、具体的・個別的な「あるがまま」を知ることこそが尊ばれたわけであり、このことを別の言葉で表現すると、ダルマとしての総体的・平等な真理としての「真諦」よりも、一つ一つの現象としての事実である「俗諦」のほうに真実のウエートが置かれていると言うことができる。そこで、奈良の法隆寺や薬師寺を本山とする法相宗《ほっそうしゅう》という宗派の根本聖典である、護法《ごほう》（26）という人が書いた『成唯識論《じょうゆいしきろん》』という書物にも（巻一〇）、

真如を縁として智慧が生じるから無分別という。一々の対象を縁として智慧が生じるから後得智という。これらの二つは別物ではないけれども、働きに随って二つに分けたものであって、俗諦を知るには真諦を見てからでないと得られないから、後得智というのである。

と解説される。

卑近な例をもって言えば、一般的な知識の次元においては、猿は犬や猫と区別できればそれで十分である。そこで、動物園にやってきた親は子供に、「ほらほら猿ですよ」と教えて事足りる。ところが、動

物園の猿山の猿たちも、一匹一匹具体的で個別的な身体と性格を持っていて、これを知らなければ十分な飼育はできない。

これと同じことが私たちの人生にも、教育にも、あるいは日常生活にも当てはまる。私は私の「あるがまま」を個別に知らなければ、長所は伸ばせず、短所は矯正できない。教育学という基本的な知識の上に、子供一人一人をよく知らなければ十分な教育効果は上がらない。十分な経験を積んでいても、商談のケース・バイ・ケースの「あるがまま」を見誤ると失敗する。いちだん低い覚りを得るためだけなら、普遍的な真理を知るだけで十分であるが、衆生のすべてを一人残らず救い取るためには、十人十色の個性を持つ、一人一人を知らなければならない。だから、仏の智慧は尊いのである。

【「あるがまま」を「あるがまま」に知る】

このように、仏教における真実や智慧は、一切の相対的な価値や分別を超えるものであるのはもちろん、普遍そのものをも超えるものでなければならない。言葉そのものは、ものを分別し、相対化した結果得られた概念を表わすものであるから、このようなものをもって仏教の真実や智慧は語れない。そこで、仏教の基本的な立場は「言語道断」ということになる。また、普遍は絶対とか唯一という観念と結びつきやすいから、それは固執と繋がりやすい。しかも一切の衆生を救い取るためには、全体をひっくるめて捉えるというのではなく、むしろ一人一人の個別性を知る必要がある。だから仏教の智慧は、「あるがまま」を「あるがまま」に知ること以外にはないのである。

道元は「鼻直眼横」を得て中国から帰ってきた。まさしくそれは、仏教の真実の覚りを得たという一大宣言であったことが分かっていただけたと思う。

ダルマとしての縁起

ちょっと込み入るようであるが、これが大乗仏教の初期仏教への挑戦の一つの要因になったとも考えられるので（157ページ以下参照）、初期仏教の縁起観を少し考えておこう。

【理法としての縁起】

上述のように、縁起の理法は「あるがまま」を「あるがまま」に見る、ものの見方の基礎にあるのであるが、不思議なことに原始仏教経典で「来たれ、見よ」と示されたのは、無常・苦・無我と四諦という「事実」であって、縁起ではなかった。法則・原理に当たる縁起は「ダルマ」と呼ばれ、これこそが永遠不変の「真理」であるにもかかわらず、最初期の仏教ではむしろ教えの表面から隠されようとする傾向すらあった。それはなぜであろうか。

原始経典において縁起は、

比丘（修行者）たちよ、縁起とは何か。比丘たちよ、縁起はあるいは如来たちが世に出たとしても、あるいは如来たちが世に出なかったとしても、この界は定まり、ダルマとして定立し、ダルマとして確立している「これによって生じるという関係性」であり、如来はこれを覚り、これを知ったのである（SN. 12–20）。

と示されている。すなわち、ニュートン（27）が生まれようが生まれまいが、リンゴは万有引力の法則に従って木から落ちるように、縁起も如来が生まれようが生まれまいが変わらぬ、永遠不変の法則だと言う。ここから縁起が「ダルマ」として把握され、また永遠不変の法則と理解されていたことがよく分かる。

【甚深難解】

ところが釈尊は、「あるがまま」なる真実を「あるがまま」に見て、その底に流れる永遠不変の法則たる縁起を発見したにもかかわらず、これを世間に公表し、説法することを躊躇された。この辺の事情が、同じく原始経典に、

私のさとったダルマは甚だ奥深くて、見難く理解しがたく、聖者にしか知り得ない。盲目的な煩悩に影響されている者にとっては、この「これによって生じるという関係性」たる縁起としてのダルマは極めて見難い。たとえこれを説いたとしても、人々がこれを理解しなければ、私一人がいたず

らに疲れるばかりだ（DN. 14　大本経）。

と語られている。釈尊の伝記によると、ブッダガヤー（28）の菩提樹下で仏となられた釈尊は、そのためいったんは説くことを諦められたという。これを天上に住む梵天が知ってあわてて下界に降りてきて、釈尊を鋭意説得したので、釈尊も重い腰を上げて説法がなされることになった。これが「梵天勧請《ぼんてんかんじょう》（29）」と呼ばれる伝説である。

【アーナンダとの対話】

このように、ダルマとしての縁起は、説くことが躊躇されるものとして認識されていたのであるが、それは釈尊とその後半生を侍者として付き従ったアーナンダとの対話にも窺われる。アーナンダは言う。

「世尊よ、この縁起のダルマが甚だ奥深くて見難いと言われるのは不思議でなりません。私には明々白々の上にも明々白々のように思われるのですが」

と。これに対して、釈尊は、

「アーナンダよ、そのように言ってはならない。アーナンダよ、そのように語ってはならない。縁起のダルマは甚だ奥深くて見難く、このダルマを覚れないから衆生は苦しみから解脱することができないのであるから」（DN. 15　大因縁経）

とたしなめられたという。

【仏の覚りと弟子の覚り】

また阿毘達磨仏教時代になると、縁起を覚りうるのは仏のみで、仏弟子たる声聞は仏の説かれた教えである四諦をさとるものとされ、仏の覚りと仏弟子の覚りには違いがあるとされるようになった。

しかし、なぜこれほどまでにダルマとしての縁起が、奥深くて理解できないものと強調され、そしてこれを説くことが躊躇されたのであろうか。もし、これが真理であり、これを理解しなければ覚れないとすれば、もっと積極的に説き、これを「あるがまま」に知れと強調してもよかったのではなかろうか。

これは、縁起は《真実》ではなく《ダルマ》であるという、いわば縁起そのものの本質に関わっているのである。

【論争】

原始仏教経典の中でも最も成立が古いとされる『スッタニパータ』(30)という経典は、次のように言う。

一人が「真実であり、如実である」と言うものを、他の人々は「虚偽であり、虚妄である」と言う。このように互いに論争して言いつのる。どうして沙門(31)たちは、一つのことを語らないのであろうか（第八八三偈(32)）。

彼らは互いに、真実は一つで、第二のものはない、と知っていながら論争して、それぞれ自分の真実を声高に主張する。それ故、沙門たちは一つのことを語らない（第八八四偈）。

また、
一人が「最高のダルマだ」と言うものを、他の人々は「劣っている」と言う。これらのうちで、どれが真実の説なのであろうか。ところが彼らすべては「これが勝れている」と言う（第九〇三偈）。

彼らは自分のダルマを「完全である」と言い、他の人々の主張するダルマを「劣っている」と言う。

このように互いに論争して、それぞれ自分の伝承が真実であると言いつのる（第九〇四偈）。

もし他人によって軽蔑されるが故に劣っていると言うなら、どのダルマにも勝れたものはない。人々は他が説くダルマを劣っていると主張して、かたくなに自分のダルマを説くのであるから（第九〇五偈）。

【唯一絶対の真理】

これらは何を言わんとしたものであろうか。それは、「人々は自らの真理と信じるものを、唯一絶対であると主張する。唯一絶対であるものが多数あるわけはないから、そこに論争が起こる。だから人々は唯一絶対なるものを立てるべきではない」ということを述べたものとしてよいであろう。

【神の創造論】

したがって、もし仏教徒たちが、縁起は永遠不変のダルマであると主張するとすれば、同じ過ちを犯すこととなる。確かに、インドにもさまざまな思想・宗教があって、この世界は絶対の存在たる神が創造したと主張する者もあった。もしこのような人々に、すべての現象はさまざまな条件や関係によって成り立っていて、唯一絶対の神などあるはずもないと言うとすれば、それこそ真っ向からの議論とならざるを得ない。

【偶然論・宿命論】

あるいは、この現象のすべては偶然のなせるわざで、因果関係など存在しないという偶然論（無因無縁論）とも対立し、すべては何らかの運命・宿命によって決定づけられているという宿命論とも対決しなければならない。このように、「唯一絶対」「永遠不変」という形容詞を持ち出すと、果てしのない議論に悩まされなければならないこととなる。いや、「唯一絶対」「永遠不変」の真理という言葉を持ち出したその時に、その真理は一個の固執された見解に堕すのである。

そこで仏教は、「すべてのものは関係しあっていて、単独に存在するものはない」という法則を、そのままストレートには主張しないで、真実としての無常や苦や無我あるいは空を呈示するに止めた。それは「無常」や「無我」という言葉として表現されること自体が敬遠されるような、具体的・個別的な事実であった。キリキリと胸を刺すような痛みが苦であって、「苦」という言葉は単なる「月をさす指」にすぎない。それらはまた、善・美・聖と価値判断する以前の、「ものそのもの」の段階で把握されていたから、是非好悪の見解の相違が生じるというものでもない。

【良い天気】

もともと、天気には良い天気もなければ、悪い天気もない。晴れわたった天気と、どんよりした雨もよいの天気があるだけである。もし気管支炎を患う人がいて、突き抜けるような青空の空気の乾いた天候よりも、雨降りのしっとりした天候のほうが身体に良いとすれば、その人にとっては雨降りのほうが「良い天気」となる。実際、エジプトのカイロでは、曇り空の天気のほうが「良い天気」と言われるそうである（東長靖「真理のことば─神の選んだ言語・アラビア語─」『サティア』16号）。

このように「良い」「悪い」は、ある特定の基準をもとにして下された価値判断であって、そこにはすでに予断が含まれている。仏教の無常や苦や無我は、そうした判断以前の、まさしく「晴れわたった天気」や「雨もよいの天気」という次元で語られているのであって、「良い天気」「悪い天気」の次元ではないと言わなければならない。

したがって、仏典においてこれらが説かれるのは、決して一つの見解として、不動の学説として押しつけるという形で示されるのではなく、世の中の「あるがまま」を「あるがまま」に見なさい、そうすれば「あるがまま」なるあり方が、無常であり、苦であり、無我であり、空であることが分かりますよ、と述べているにすぎない。要するに、私たちが無常・苦・無我・空なる存在であることは、法廷で「Aさんは何年何月何日の何時ごろ、大学で講義をしておりました。それは、聴講している学生のすべてが認める事実です」と証言するのと同次元の真実なのである。

ところが、縁起は「一切」のものがさまざまな関係の上に成り立っているというダルマ（理法）として認識されていた。このダルマが「一切」に適用されるべきものだとすると、このダルマ以外に「一切」に当てはまる法則というものはないこととなり、したがって唯一絶対という形容詞の付く恐れなしとしない。しかも「もろもろの如来が世に出現してもしなくても変わらない」という言葉は、永遠不変という形容詞とも読みとれるから、ダルマとしての縁起は『スッタニパータ』が批判した「執着された一つの見解」と選ぶところがないことになる。そこで、縁起は説くことが躊躇され、理解し難い甚深なものと釘を刺されたのである。

答えないという答え

【十難無記】

少し視点を変えて考えてみよう。釈尊は次のような質問がなされたとき、黙して何も語らないという形で答えられたという。これを「無記《むき》」と言うが、その問いは、世界は〔時間的に〕常住であるか、常住ではないか。〔世界は常住であると同時に常住でもないか。

世界は常住でもなく常住でないのでもないか。〕

世界は〔空間的に〕有限であるか、有限ではないか。〔世界は有限であると同時に有限でもないか。

世界は有限でもなく有限でないのでもないか。〕

霊魂と身体は一つであるか。霊魂と身体は別であるか。

如来は死後(33)にも存在するか。如来は死後には存在しないか。如来は死後に存在すると同時に存在しないか。如来は死後に存在するのでもなく、存在しないのでもないのか。

という問いである。釈尊は、これら十、あるいはカッコの中の四つを加えて十四の質問に無言をもって答えられたので、これを十難無記(34)、あるいは十四難無記と言う。

原始経典は、その理由を「このような問題にかかずらうことは、あたかも人が毒矢に射られて痛み苦しんでいるそのときに、射た人の姓名や出身、弓矢の材質・色などを詮索するようなもので、無意味であるから」と解説している。

確かに、対症療法的にはそのとおりであろうが、この無記(解答を与えない)という解答の仕方には、もっと深い意味があったはずである。一切のものはさまざまな関係や条件の上に成り立っているという縁起のダルマから考えると、このような一種形而上的な質問に、ある特定の判断を下すことはできない。

どうしてもある特定の見方による判断にしかなり得ないからである。しかし、それなら縁起のダルマをもって「一切のものはさまざまな条件によって成り立っているのであるから、ある限定された視点からして、有限であるとも言えないし、無限であるとも言えない。有限でありかつ無限であるとも言えないし、有限でなくまた有限でないのではないとも言えない」といった答え方もあったはずである。

実は、このような答え方をする宗教者があった。それが、釈尊当時に活動していた新進気鋭の六人の宗教家（これを仏典では「六師外道《ろくしげどう》（35）」と言う）のうちの一人であるサンジャヤ・ヴェーラッティプッタであったが、彼はこのような質問に対して、「常住であるとも言えるし、常住でないとも言えるし、常住であって常住でもないとも言えるし、常住でなくまた常住でないのでもないとも言える」と答えたという。釈尊はこれを「鰻《うなぎ》がヌルヌルして捕らえ難き論」（捕鰻論）として批難している。

また、仏教と同じころに興り、そして発展して、現在インドにも残るジャイナ教も同様の議論をした。それを、スヤードヴァーダ（36）（蓋然論）と言う。ものごとは総合的に判断すべきで、せいぜいある一つの観点から見るとこのようになるといったことしか言えない、と言うのである。したがって、ジャイナ教の立場はアネーカーンタ・ヴァーダとも言われる。「一辺にかたよらない学派」というほどの意味である。

しかしながら、このような捕らえどころのない、融通無碍《ゆうずうむげ》（37）のような答え方をしたとしても、言葉によって解答したということ自体、すでに一つの見解として呈示されたことになるとすれば、直ちにそれが唯一絶対の固定的な見解となり、それが執着される恐れなしとしない。そこで釈尊は、縁起の理法をもって答えることは、結局、サンジャヤやジャイナ教のような一つの見解に堕してしまうと判断されたのであろう。黙して語らないという形をもって解答されたのである。

このように、「無記」という、言葉による解答を与えないという解答の与え方こそが、実は縁起の立場であるということは、このような無記の立場が、

このダルマは甚だ奥深くて、見難く、理解し難く、寂静《じゃくじょう》にして、勝れており、思慮を超え、微妙であって、賢者にしか知り得ない（MN. 72　婆蹉衢多火経）。

と、まさしく縁起のダルマと同じ捉え方をされていることによって、明白に証明される。今まで縁起の立場を「立場のない立場」と表現してきたのも、こうした理由による。ものにとらわれずに、さまざまな視点からものを見る立場と言ってしまうと、それが固定的な立場に陥ってしまう危険性があるからである。

プラサンガ論法

このような態度は、仏教の歴史の中で連綿として続き、大乗仏教思想の大成者であるナーガールジュナ[38]（龍樹）によって、プラサンガ論法として確立された。

プラサンガ論法[39]は、まさしく縁起の立場そのものであるが、縁起の立場そのものを説くことは、すでに一個の見解に堕すことで、縁起の立場を踏みはずすことになる。そこで、縁起のダルマを直接説くことを避け、ありうべき主張・見解について、種々さまざまな面からその誤謬を突き、それが一面的な見解にすぎないことを証明することによって、その裏にある縁起の立場を間接的に浮かび上がらせようとしたものである。

【Aという文字】

たとえば、ここに板を抜いて作ったAという文字があるとしよう。これは平面的に見れば、まさしく

であるが、これを側面から見ると、

となり、上側面や下側面から見ると、

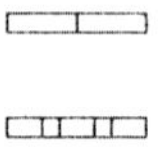

という形となって、決してＡではない。あるいは時間が経過して、反り返ると、

となるかもしれないし、いずれは小さな木片として崩れ去るであろう。

　このように、すべてのものはさまざまな条件によって成り立っているのであるから、さまざまな見方をしなければならない、その一面を捉えてＡとのみ主張することは、とりも直さずその一面に固執し、執着しているということになる。

　プラサンガ論法はこれを捉えて、Ａと主張する者には、側面から見ればＩではないかと反論し、Ｉと主張する者には、時間が経てばＣとなると批判して、いかなる見解にも誤謬があって、どんな見解にも固執してはならないということを言わんとしたのである。もちろん、「したがって、一切のものはさまざまな関係・条件の上に成り立っており、いかなる見解も成立し得ない。それが縁起のダルマである」と主張しようものなら、その時すでにこの見解も、一個の執着に堕してしまうのであるから、縁起のダルマが主張され、説明されることはできない。だから「縁起」は、このように一面的に見られた見解をすべて否定し去った背後に自ずから現われるとしたのである。

【空】

大乗仏教徒たちが、この世界のすべてを見渡して「あるがまま」を「あるがまま」に知見して得られた事実は《空（40）》である。これは真実であるから、「一切皆空」を「諸法実相」（一切のものは真実である）と言う。そして、一切が空であるのは、一切のものがさまざまな関係・条件の上に成り立っており、独立して永遠なものはないからであって、これを「無自性《むじしょう》（41）」と言う。すべては陽炎の如く、地平線を漂って水があるように見えるけれども、近づいて見れば何もないように、実体はないと言うのである。

【空亦復空】

ところが、この空も度を越して主張されすぎると、一種の固定的見解に陥ってしまい、縁起本来の立場を自ら破壊する結果となる。そこで「空亦復空《くうまたまたくう》（42）」として、空もまたどこまでも空ぜられなければならない。

薬を服するに、薬はよく病を破す。病、すでに破することを得れば、薬もまさに出すべく、若し薬を出さざれば、則ちまたこれも病なるが如し（『大智度論』巻三一）。

と言うように、執着という病気は、空という薬をもって治すことができるけれども、もし病気が治ったらその薬をやめなければならない。ところが、もしこの空が執着されて病気となってしまうと、

病ありて服薬を須《もち》うれば治すべきも、もし薬また病を為さば則ち治すべからず（『中論』巻二、『大智度論』巻九四、『般若灯論』巻八、『心地観経』巻八）。

と言うように、もはや治すべき薬はない、だから空と執着する病気ほど厄介なものはない、空を執着してはならない、と言うのである。

縁起とはこのようなものであるから、したがって最初期の仏教においては、教えの前面に立てられることはなく、むしろ控え目に、誤解を避けるために躊躇しながら、最低限度の範囲で説き示されたのである。

仏教と科学

ついでにここで少し、仏教と科学[43]の関係を考えておこう。

今まで述べてきたように、仏教の般若の智慧は、「あるがまま」を「あるがまま」に見ることであった。

これは科学的立場と共通すると言っても過言ではないであろう。

【キリスト教の立場】

キリスト教では、真理は神のもとにあり、それが啓示として一方的に人間に下される。そこで、キリスト教においては、智慧はさほど大きな要素にはならない。『ヨハネによる福音書』が、

初めに言《ことば》があった(44)。言は神と共にあった。言は神であった。この言は、初めに神と共にあった。万物は言によって成った。成ったもので、言によらずに成ったものは何一つなかった。

と言うように、神の言葉こそ唯一絶対の真理であった。したがって、聖書が、神が自らにかたどって人間を創り、「海の魚、空の鳥、地の上を這う物をすべて支配せよ」と言うとすれば、人間が猿のようなものから進化(45)したとする科学的真理を、キリスト教が認められるはずはなかった。

また、太陽の周りを地球が回っているのであって、地球の周りを太陽や月が回っているのではないという地動説は、『ヨシュア記』第一〇章の

日よ、とどまれ　ギブオンの上に、
月よ、とどまれ　アヤロンの谷に、
日はとどまり、月は動きをやめた。
民が敵を打ち破るまで。

という聖書の言葉と矛盾するということから、ガリレオ・ガリレイ[46]は「異端審問」にかけられて生涯蟄居閉門の身となった。

ところが、「あるがまま」を「あるがまま」に見る見方こそが、仏教の仏教たる所以であった。そこで、阿毘達磨仏教時代においては仏教の内部で科学が一大発展をした。阿毘達磨仏教を代表する『大毘婆沙論《だいびばしゃろん》』や『倶舎論』、あるいは大乗の論書である『成唯識論』などは、この科学的知識の一大宝庫である。

たとえば、物質はこれ以上細分できないという最小の要素である極微【ごくみ】[47]から成り立っているという極微説は、現在の原子説に相当する。あるいは、アビダルマの心理分析や、『成唯識論』の阿頼耶識《あらやしき》[48]説は、フロイトの深層心理に千数百年も先立つと驚嘆された。すべての衆生の共業《ぐうごう》が世界を形成し変容させるという仏教の共業説は、現代のエコロジーに大きな示唆を与え、動物と人間とのあいだにその連関性を認める輪廻《りんね》説や、植物と有情とのあいだの差異を撥無《はつむ》する草木国土悉皆成仏《そうもくこくどしっかいじょうぶつ》説などは、分子生物学の新しい知見との共通性を指摘されている。そこで、最新科学のそれまた先端をいく科学者たちが、仏教に深い関心を持ちつつあることは、読者もご承知であろう。

しばしば宗教と科学の闘争が論じられる中で、仏教のみは科学と反しないと弁解される。しかし、これは今までの歴史の中で、偶然に科学と仏教が衝突しなかったということではない。科学的な立場が「あるがまま」を「あるがまま」に見るところから出発するとすれば、仏教も「あるがまま」を「あるがまま」に見るところにその本質を置くからであって、本来、科学と仏教は矛盾しないどころか、共通の地盤に立っているのである。

しかし、このことをあまりに強調しすぎると、それでは科学があれば仏教は必要ないのか、と反論されそうである。

確かに、一面ではそのとおりである。しかし、筆者は、仏教は科学や芸術の上に立つべきもの、と考えている。このことは、仏教が科学や芸術と共通の基盤の上に立っていながら、どこがどう違うかを述べれば解答となるであろう。

【働きを伴う智慧】

仏教の智慧は、「あるがまま」を「あるがまま」に知見したとき、自ずから生じる働きを伴うものであった。そのような働きを伴わない智慧は本当の智慧ではない、と述べた。社会的な不正を「あるがまま」に知見することは、不正をそのままに放置するのではなく、不正を正すという主体的働きが生じてこそ、初めて智慧と呼びうる。客観的に、あるいは観照的に不正を傍観するに止まるならば、それは科学的な姿勢ではあっても、「あるがまま」を「あるがまま」に見る智慧にまで昇華しているとは言い難い。仏教の目指すところは、主体的に「あるがまま」を「あるがまま」に見る見方・立場・姿勢を貫いて、これを働きがあるものまで高めるところにあり、そこで科学や芸術よりも上に立つ、と言ったのである。

最近のめざましい科学の発達は、時にＳＦ小説が描くように、人間の心を破壊し、自然や地球までも破滅させる恐ろしいものに受け取られることがある。そこで、宗教にその倫理が求められるのは、科学が客観的な知見に止まって、仏教の智慧が持つような自ずからなる働きを有しないからである。あるいは、科学的な知見が技術として時に不正に使用されるのを正す働きを持ち得ないのも、それが単なる知識に止まって智慧にまで昇華していないからである。また、往々にして芸術家は世の恥部・暗部を「あるがまま」に暴露するに止まって、それを矯正する働きを持たない。仏教の智慧は、こうした科学や芸術と立場を同じくしながら、それを超える働きを持つ。

仏教では、むしろ「一切種智」「後得智」のほうが尊重されたということは、原理・原則で世を処すよりも、現実の一つ一つのケースに対処することを尊重するということであり、真諦と俗諦の両輪を駆使する中道が尊重される所以も、また現実を捨象して原理・原則はないということを表わす。すなわち仏教の智慧は、本来は現実を改革し、誤った科学の方向に警鐘を鳴らすようなものでなければならないのである。

（1）**道元**　一二〇〇～一二五三年。日本曹洞宗の祖で永平寺を開いた。『正法眼蔵《しょうぼうげんぞう》』九十五巻などの著作がある。

（２）**サンスクリット語**　古代のインド語で、梵語と呼ばれる。インドで成立した大乗仏教の聖典の多くは、この言葉で書かれている。パーリ語やジャイナ経の聖典が記されているアルダ・マーガディー語と同じ系統の言語で、広くはインド・アーリヤ語族に属し、ラテン語や英語・ドイツ語・フランス語などとも親縁関係にある。

（３）**初転法輪**　釈尊は六年間の苦行の後、三十五歳でブッダガヤーの菩提樹下で覚りを開かれた。これを成道《じょうどう》と言う。その後、ベナレスの近郊の鹿野苑《ろくやおん》に赴かれて、ともに修行した五人の比丘たちに初めて法を説いた（法輪を転じた）。この時、仏教（仏の教え）が始まったとすることができる。

（４）**パーリ語**　「パーリ」は聖典という意味で、スリランカからビルマ（現ミャンマー）、タイ、ラオス、カンボジアなどに伝わった南方仏教の聖典が記されている言葉。南方仏教では、この言葉を「根本語」「マガダ語」と呼び、釈尊が日常使われた言葉としているが、言語学的には西インドの言葉で、そうとは言えない。サンスクリット語とよく似ており、ともにインド・アーリヤ語族に属する。

（５）**八正道**　詳しくは第五章「善悪の彼岸」以下参照。

（６）**陀羅尼**　'dhāraṇī' の音写。神秘的な力を持つ呪文。真言（mantra）が短い句を指すに対して、これは長いものを指す。

（7）**婆伽梵**　'bhagavant'の音写。'bhaga'（幸福、幸運）を持つ者の意。仏典では「世尊」と漢訳して仏を指すが、ヒンドゥー教では最高神の尊称。もとは、師匠や神仙など、尊い者一般を意味した。

（8）**閻浮樹**　'jambu'の音写。仏典ではインド半島を閻浮提《えんぶだい》と言うように、インドを代表する樹木とされている。

（9）**阿耨多羅三藐三菩提**　'anuttarasamyaksambodhi'の音写。無上正等菩提と意訳される。'anuttara'が「無上」、'samyak'が「正等」、'sambodhi'が「菩提」に当たる。

（10）**原始仏教経典**　パーリ語と漢訳されたものがある。パーリ語で書かれたものは「ニカーヤ」（部類を意味する）と呼ばれ、これにディーガニカーヤ（本書ではこれをDN.と表記している）、マッジマニカーヤ（本書ではこれをMN.と表記している）、サンユッタニカーヤ（本書ではこれをSN.と表記している）、アングッタラニカーヤ（本書ではこれをAN.と表記している）、クッダカニカーヤ（本書ではこれをKN.と表記している）の五つがある。最後のクッダカニカーヤには、本書にもしばしば登場する『スッタニパータ』や『ダンマパダ』が含まれる。漢訳されたものは「阿含経」と言い、これに『長阿含経』『中阿含経』『雑阿含経』『増一阿含経』の四つがある。これらは「経蔵」に属するが、この他に「律蔵」があり、これら両方を含めて「原始仏教聖典」と呼ぶ場合もある。本書もこれに従っている。

（11）**ソクラテス**　Sōkratēs 紀元前四七〇〜三九九年。古代ギリシア、アテナイの哲学者。著書はないが、その教えは弟子のプラトンによって伝えられた。

（12）**分かっちゃいるけどやめられない**　東京都知事であった青島幸男が作詞して、植木等が歌った「スーダラ節」の歌詞の一節。

（13）**五取蘊**　第二章「無常と苦と無我」参照。

（14）**八つの正しい道**　八正道・八聖道と呼ばれる。詳しくは第五章「善悪の彼岸」参照。

（15）**俗諦**　世俗諦とも言う。

（16）**琴の比喩**　「弾琴の喩」と呼ばれる。ふつう物事は中庸を得るべきことを勧める比喩とされる。紘がゆるすぎると鳴らないし、きつすぎると切れるからである。『中阿含経』巻二九、『四分律』巻三七、『出曜経』巻六など。

（17）**『成実論』**　訶梨跋摩《かりばつま》（二五〇ごろ〜三五〇ごろ）の著書。どの部派に属したか詳らかにしないが、説一切有部や南方上座部以外の思想を知る貴重な文献の一つである。南都六宗の一つである成実宗は、この論をよりどころとしたもの。『倶舎論』については59ページの頭注参照。

（18）**言説諦**　‘vyavahāra-satya’の訳。‘vyavahāra’には行為、習慣、日常生活、表現、名称などの意があり、漢訳仏典では、「語」「説」とか「世俗」と訳されることが多い。

（19）**方便**　‘upāya’の訳。行く、到達するという意の動詞√iに、「近」とか「下」を表わす前接辞‘upa-’、をつけて作られた語で、真実に近づくための手だて・方法を意味する。

(20) **諸法無我**　第二章「衆生と人間のあいだ」参照。

(21) **諸法実相**　一切のものはすべて真実の姿を現わしている、ということ。この場合の真実の姿とは「空」を指す。

(22) **五蘊**　第二章「無我は覚りの境地か」参照。

(23) **十二処**　第四章「初期仏教の世界観」参照。

(24) **世親**　Vasubandhu 天親とも言う。五世紀ごろの人。初め説一切有部で出家して『倶舎論』という、初期仏教の思想体系を最も簡潔に叙述した名著を残したが、後に兄の無著の勧めによって大乗仏教に転じ、『唯識三十頌』という、これまた瑜伽行派の根本聖典になる名著を残した。

(25) **無著**　Asaṅga 世親の実兄で、師のマイトレーヤ（弥勒）の後を継いで、唯識思想に基づく実践体系を確立した。

(26) **護法**　Dharmapāla 五三〇～五六一年。『成唯識論』は世親の『唯識三十頌』を注釈したもの。

(27) **ニュートン**　Sir Isaac Newton（一六四二～一七二七）。イギリスの物理学者・数学者・天文学者。リンゴの実が落ちるのを見て重力の法則を発見したという話は、一六六五年から六八年にかけて、故郷（イングランド東部のリンカーンシャー）の農場に帰っていたときのこととされるが、真偽は定かではない。

(28) **ブッダガヤー**　現在のビハール州の州都であるパトナの南方約一〇〇キロのところにあるガヤーという街

の郊外にある。ブッダがここで成道されたのでブッダガヤーと呼ばれている。

(29) **梵天勧請**　梵天はインドの最高神であるBrah-madevaを指す。仏教の教えがインドの伝統的な宗教よりも優れているということを表わす神話であると解されている。

(30) **『スッタニパータ』**　パーリ語で書かれた「クッダカニカーヤ」の中の一経。岩波文庫の中に、『ブッダのことば』(中村元訳)として収められている。

(31) **沙門**　パーリ語では、‘samaṇa’、サンスクリット語では、‘sramaṇa’の音写。釈尊当時の、バラモン教に対抗して生まれてきた新しい宗教者たちの総称。比丘・遊行者なども、そうした呼び方の一つである。

(32) **偈**　‘gāthā’の音写語とされる。仏典中の韻文で書かれた詩を言い、ふつう番号を付して数えられる。

(33) **死後**　この文章をもとにして、釈尊は死後の世界があるかどうかを記別されなかったという議論がなされることがあるが、しかしここでは如来(tathāgata)が主語であるので、これを一般化して議論することは正しくない。

(34) **十難無記**　仏教用語としての「無記」には、ここに用いられる意味のほかにもう一つの意味がある。それは三性の一つで、善でもなく悪でもない、はっきりした性質を持たないものを言う。

(35) **六師外道**　六人の名前とその主張したところを掲げておく。アジタ・ケーサカンバラ＝地・水・火・風の四元素を立て、霊魂も来世も認めなかった。サンジャヤ・ヴェーラッティプッタ＝本文参照。マッカリ・ゴーサーラ＝運命論的に、毛鞠の糸が尽きなければ解脱できないとした。パクダ・カッチャーヤナ＝地・水・火・風・苦・楽・命我の七要素を認め、刀は命を奪わない、七要素の間を通過するのみとした。プーラナ・カッサパ＝殺生・盗みを行なっても罪にならず、布施を行なっても功徳にはならないとした。ニガンタ・ナータプッタ＝ジャイナ教の祖。思想は本文参照。

（36）**スヤードヴァーダ**　ジャイナ教の文献には「多分」「おそらく」という意を表わす、'syāt'という語がよく用いられることから、'syādvāda'と名づけられた。また'anekāntavāda'とも呼ばれる。一点から見るべきではなく、相対的に見られるべきであるということを表わす。

（37）**融通無碍**　互いに融け合って、滞りなく通じること。

（38）**ナーガールジュナ**　Nāgārjuna　龍樹と訳される。ほぼ一五〇～二五〇年。大乗仏教の理論を大成したとして、日本では八宗の祖と仰がれる。ほかに『中論』という著作があり、後の大乗仏教の学派の一つである中観派の根本聖典となった。

（39）**プラサンガ論法**　'prasaṅga'は「あることに付随して、こういう結果が起こる」という意で、「帰謬論証」と訳される。龍樹の思想をよりどころとした学派を中観派と言うが、後に空はプラサンガ論法によってしか説明され得ないので、独自の主張は立てられないとするプラーサンギカ（帰謬論証派）と、自派の主張をするべきだとするスヴァータントリカ（自立論証派）に分かれた。

（40）**空**　第四章「大乗仏教の世界観」参照。語義については序章の最後「śūnya」を参照。

（41）**無自性**　それぞれの「もの」が、それぞれに持っている「実体」を自性と言い、大乗仏教は「もの」にはそのような「実体」はないとした。第四章「色即是空」参照。

（42）**空亦復空**　「くうやくぶくう」と音読する。空が執着されてはならない、空もまた空と観じられなければならない、という意。

（43）**科学**　『広辞苑』（第三版）には、「世界の一部分を対象領域とする経験的に論証できる系統的な合理的認識」と解説されている。

（44）**初めに言があった**　『ヨハネによる福音書』一-一-三。

（45）**進化論**　ダーウィン（一八〇九～一八八二）が唱えた。ダーウィンはイギリス国教会のキリスト教徒で、「自分は無神論のような書き方をしたつもりはない」として、進化論がキリスト教の教学と大きな軋轢を起こすことを迷惑に思っていたようである。また教会のほうも、すでに十九世紀の半ばになっていて成熟していたからであろうか、宗教裁判といったことにはならなかった。

（46）**ガリレオ・ガリレイ**　一五六四～一六四二年。コペルニクス（一四七三～一五四三）の地動説を支持したために、宗教裁判にかけられた。七十歳近くになっていたガリレオは「異端審問所」の示談に応じて、「思い上がりのためにコペルニクスの教説に組するような議論をした」と自説を撤回して極刑を免れたが、「それでも地球は回っている」と言ったとされる。

（47）**極微**　物質を構成する地・水・火・風の極微のほか、眼・耳・鼻・舌・身という肉体を構成する極微や、認識の対象である色・声・香・味・触という極微があるとされている。これらは物質でありながら、長さも重さも持たないとされる。

（48）**阿頼耶識**　第四章「阿毘達磨仏教の縁起説」参照。

第二章　仏教の人間観

仏教の仏教たる所以であるものの見方の基本は、「あるがまま」を「あるがまま」に見ることであった。それでは、仏教が見た人間の「あるがまま」の姿とは、どのようなものであったのであろうか。

【芭蕉の比喩】

仏典には、次のような比喩がしばしば見られる。

たとえば芭焦の実を生ずれば即ち枯れるが如く、一切衆生の身もまた是の如し。また芭蕉の内に堅実なきが如く、一切衆生の身もまた是の如し（北本『涅槃経《ねはんぎょう》』(1)巻三一、『雑阿含経《ぞうあごんきょう》』巻五、『仏本行集経《ぶつほんぎょうじっきょう》』巻一八、『大智度論』巻二）。

漢訳仏典で芭蕉と言うのは、バナナの木のことである。バナナは見上げるほど大きくなっても、実は木ではなく草で、その幹は長ネギのように剝いても剝いても芯がなく、しかも実を結ぶと枯れてしまうのである。そこで、一切衆生はバナナが実を結ぶと枯れてしまうようにはかなく、しかも芯がないように核心というものがない。要するに、衆生は無常であり、無我であることを喩えたのである。

【衆生】

このように、仏教の人間観は「無常」と「無我」に集約されると言ってよいが、その前に《衆生《しゅじょう》》という言葉を説明しておこう。この中にも、「仏教の人間観」の一つの特徴が隠されているからである。

【旧訳・新訳】

衆生とは、別の言葉では有情《うじょう》と言う。「衆生」は旧訳《くやく》に使われる言葉で、「有情」は新訳に使われる言葉である。新訳は唐時代の大翻訳家である玄奘《げんじょう》(2)以降の訳を言い、旧訳はそれ以前の訳を言う。玄奘はそれ以前の訳が必ずしもインドの言葉の原意どおりに正確に訳されていないとして、翻訳し直すことを目指した。たとえば「衆生」「有情」のサンスクリット語は「サットヴァ（sattva)」であり、「存在するもの」を意味するが、命あるもの、心を有するものという意に用いられるから、「衆生」よりも「有情」のほうがよいと判断されたのである。このように「衆生」は命あるもの、心を有するものを表わすが、命があり、心があるものは決して人間ばかりではないから、実はこの語は鳥や獣はもちろん、魚や昆虫などを含めた一切の動物を指す。

【五道・六道】

もちろん、インド語に人間を表わす言葉がないわけではない。ところが、仏典には「人《にん》」という言葉が出てくることはあまりなく、たとえ出てきたとしても、地獄・餓鬼・畜生・人・天といった五道や、これに阿修羅を加えた六道の一つとしてであって、やはり衆生の中の一つのあり方といったニュアンスのほうが強い。

筆者はかつて、多くの漢訳仏典を渉猟して、仏教の用語が、先程の芭蕉の比喩のように、どのような喩えによって説明されているかを調査し、六〇〇ページを越える辞典(3)を作ったことがある。今その項目を調べてみると、もちろん衆生という項目はあるが、「人(人間)」という項目がないので、今さらながら驚いている。この辞典は、実際に仏典に用いられている比喩表現を収集して項目を立てたものであるから、筆者が「人(人間)」という項目を立て忘れたのではなく、人(人間)についての比喩表現がなかったことを意味する。

【進化論】

このように仏教では、さまざまな命を有する動物の中で人間のみを特別視することはなく、虫も魚も鳥も獣も平等に見ていた。キリスト教が人間を神に似せて創り、ほかの動物を支配させたということから、進化論(4)との矛盾に苦しんだのに対し、仏教は牛に生まれ変わったり、魚に生まれ変わったりするというのであるから、牛や魚と人間とは連続しており、そういう意味では進化論とそれほど矛盾していないと言えるかもしれない。

また、現代の分子生物学の分野では、遺伝を司るＤＮＡ(5)は、人間もほかの動物も同じであり、実は植物のＤＮＡさえ同じであるという。そうとすれば、草や木にも仏性があって、すべて仏になることができるとする「草木成仏(6)」という仏教の考え方にも、科学的な根拠が与えられることになる。原始仏教では、草木を切ったり、果実を摘み取ったりすることが罪だとされているが、それは草木にも生命があると考えたからである。

ともかく、「あるがまま」を「あるがまま」に見た結果、鳥や獣と人間は、基本的にはそれほど異なるものではなく、むしろ一まとめに衆生と捉えたほうがよいとの結論に達した。それが《輪廻(7)》という考え方の土台になっているのである。

しかしながら、人間とほかの動物との間に差異があるのもまた厳然たる事実であって、仏教がこのことに注意しないわけではなかった。その違いを端的に言えば、衆生が人間の状態にあるときにのみ覚りを得ることができ、ほかの動物では覚りを得ることができないということである。

【人と衆生の間】

仏教の思想を最も体系的にまとめたものとして名高い、世親が書いた『倶舎論』(8)という書物によると（巻一五）、地獄も餓鬼も畜生も、そして人も天も、すべて生きとし生けるものは心を持ち、自らの行為（業と言い、これについては第五章参照）を主体的になすことができるとされている。したがって、地獄の衆生も畜生もよい行為をなすことによって、より幸せな生存形態である人間や天に生まれ変わることができる。しかしながら、地獄の衆生や餓鬼・畜生には、坐禅をして心を練り、純粋で汚れのない修行（無漏律儀《むろりつぎ》（9））を行なうことはできない。これをなしうるのは、人間と天のみであると言う。そして、この純粋な修行が覚りに導くのであるから、結局、地獄・餓鬼・畜生は覚りを得ることができない。

一方、天上における生活は、楽しいことずくめで人間より恵まれている。ところが、実はこのことが、覚りを得る契機を失わせる。天は寿命も長く、飲食物に困ることもなく、いつも安楽であるから、本当の覚りを目指して修行に励もうという意欲が生じないからである。

このことは、八難処《はちなんじょ》という考え方が明瞭に示している。八難処とは、梵行《ぼんぎょう》（清らかな行ない）を修し、本当の覚りを得ることができない八つの場所という意であって、地獄や餓鬼や畜生、あるいは仏が永久に出現することのない最果ての地（辺地）とともに、長寿である天に生まれることが、その一つに数えられている。そこで、覚りを得ることのできるのは、多くの衆生の中で人間のみということになる。

大乗仏教を代表する経典の一つである『華厳経《けごんぎょう》』（10）（巻六六、その他『立世阿毘曇論』巻六）でも、人間のみが、よく一切の善法を生じることができる。覚りは、人間によってのみさとられる。とされ、『婆沙論《ばしゃろん》』（11）という仏教の百科辞典とも言うべき書物（巻一七二）には、

人間が天に勝る点が三つある。一つはよく苦行に耐えられるほど勇猛であること、二つはよく教えを聞いて、心を集中し記憶すること、三つにはよく梵行を修し、戒律をたもつことができること、

である。

と言う。

このように、生きとし生けるものはすべて覚りを開き、仏になれる可能性を持ってはいるのであるが、人間以外の動物は、よい行ないを積み重ねて人間に生まれ変わったときでなければ、覚りを開くことができない。

【人身受け難し】

そこで、仏典ではしばしば「人身を受けることは優曇華《うどんげ》の時に乃《すなわ》ち現われるが如く、盲亀《もうき》の浮木に遭《あ》うがごとし」と言われる。

優曇華（12）とは、億劫あるいは無量億劫に一度咲き出ずる花とされる。劫《こう》（13）とは天文学的な時間の単位である。たとえば、一辺一由旬《ゆじゅん》（一説では七キロメートルとされる）立方の大きな城があって、これに芥子《けし》の粒を満たして、百年に一粒ずつ取っていくとしよう。劫はこの芥子がなくなってもまだ終わらない。また、同じく一辺一由旬もある石の山を、百年に一度、天女が降りてきて羽衣でこれを払うとしよう。この岩山が磨滅し尽くしたとしてもなお劫は終わらない。

天女の羽衣がどんなものか知らないから、その摩擦がどの程度か知りようがない。そこで試みに、芥子粒による時間の長さを計算してみた。あいにく芥子粒がなかったので、黒ゴマを代用したが、黒ゴマは一辺一センチメートルの紙の升に二五五粒も入る。これを一メートル立方に換算すると、二億五千五百万粒になるから、たった一メートル立方の升でも二五五億年かかることになる。それが東京ドームより大きい、一辺七キロメートルの升なら、どれくらいの年数になるのか、私の電卓では計算しきれない。劫とはかくも永い天文学的な長さを言う。優曇華という花は、この劫の億倍、あるいは無量億倍にただ一度しか花を開かないというのであるから、人間に生まれることはかくも有り難いということになる。

また盲亀の浮木とは、一匹の盲目の亀（あるいは一眼の亀とも言う）が百年に一度海面に頭を出すとして、そのときに大海を風に吹かれて東に西に漂う穴の開いた浮木に首を突っ込むことを言う。もちろんそれは偶然に頼るしかないから、これもまた億劫に一度あるかないかということになるかもしれない。

【有り難い】

したがって、どちらもはなはだ稀で、遇い難いということを意味する。すなわち、私たちは今、幸いにして人間に生まれているが、これは過去無量劫にわたる善行の積み重ねの結果であり、まさしく千載一遇どころか、億劫載一遇の好機で、有り難い（めったにない）ことであるから、人間に生まれたことを「有り難い」と感謝し喜んで、この時にこそ菩提心（14）を起こして仏道に励み、仏にならなければならない、そうでないと永久に機会を失う、と言うのである。

以上のように、仏教では人間もほかの動物も、等しく命ある衆生として尊重したが、その中でも特に人間は、覚りを得る契機を与えられた唯一の衆生であるということになる。このことを、仏教の人間観の出発点として留意しておかなければならない。

無常と苦と無我

【無常・苦・無我を説く経文】

「芭蕉の実を生ずれば即ち枯れるが如く、……また芭蕉の内に堅実なきが如く」という言葉は、衆生が無常であり無我であることを示したものであった。ところで、この「無常」と「無我」と、これに「苦」を加えた三つのものが、原始仏教経典においては、次のように述べられている。少し長く、くだくだしい文章ではあるが、甚だ重要であるから、繁を厭《いと》わず引用しておく。それは、

比丘たちよ、色《しき》(15)は無常である。無常であるもの、それは苦しみである。苦しみであるもの、それは無我である。無我であるもの、それは私のものでもなく、それは私でもなく、それは私の我（アートマン(16)）でもない。このように、このことをあるがままに正しい智慧をもって知らなければならない。

受《じゅ》は無常である。無常であるもの、それは苦しみである。苦しみであるもの、それは無我である。

無我であるもの、それは私のものでもなく、それは私でもなく、それは私の我（アートマン）でもない。このように、このことをあるがままに正しい智慧をもって知らなければならない。

想《そう》は無常である。……以下同じ……

行《ぎょう》は無常である。……以下同じ……

識《しき》は無常である。無常であるもの、それは苦しみである。苦しみであるもの、それは無我である。無我であるもの、それは私のものでもなく、それは私でもなく、それは私の我（アートマン）でもない。このように、このことをあるがままに正しい智慧をもって知らなければならない。

このように知って、よく教えを聞く優れた弟子たちは、色においても厭《いと》い離れ、受においても厭い離れ、想においても厭い離れ、行においても厭い離れ、識においても厭い離れる。厭い離れて欲望を滅し、欲望を滅するが故に解脱し、解脱したことにおいて、すでに解脱したという智が生じる。そうして、生まれ変わるということは終わり、修すべきことはすでに修し終わり、なすべきこともなし終わって、再びこの苦しみの生存に戻ってくるようなことはない、と智慧をもって知る（SN. 22–15）。

というものである。

【三法印・四法印】

「諸行無常」「諸法無我」「涅槃《ねはん》（17）寂静《じゃくじょう》」の三つの句を「三法印」と言い、これに「一切皆苦《いっさいかいく》」を加えて「四法印《しほういん》」と言う。「法印」は仏教の旗印という意味であるから、これが一般の仏教入門書では、仏教の教えの代表として解説されるけれども、原始仏教聖典としては特殊な用例で、むしろ今ここに挙げた文章のほうが基本的な形である。「三法印」「四法印」は先の文章が後の時代になってまとめられたもので決して古い形ではない。したがって、無常や無我、それに苦の意味を考えるときには、この文章をもとにして考えないととんだ誤解を生じる恐れなしとしない。そこで誤解を避けるために、この文章を筆者は「無常・苦・無我説」と呼ぶことにしている。

【無常即是苦・苦即是無我】

さて、この「無常・苦・無我説」の中で、「無常であるもの、それは苦しみである」とか、「苦しみであるもの、それは無我である」と言うのは、漢文の形に言い直すと「無常即是苦」「苦即是無我」となる。このパーリ語の原文は、yad aniccaṃ taṃ dukkhaṃ, yaṃ dukkhaṃ tad anat-tā、であるが、これは、『般若心経《はんにゃしんぎょう》』（18）の有名な句「色即是空《しきそくぜくう》、空即是色《くうそくぜしき》（19）」を表わす、yad rūpaṃsā śūnyatā, yā śūnyatā tad rūpaṃ、というサンスクリット文と驚くほどよく似ている。

ちなみに、yad、とか、yaṃ、とか、yā、は、あの、yathābhūta、の、ya、であって、英語では関係代名詞の

'that'に相当する。また'taṃ'とか'tad'とか'sā'は、指示代名詞の'that'に相当する。これらがさまざまな語形を持つのは、サンスクリット語やパーリ語が属するインド・アーリヤ語族の言語の特徴で、性(男性・女性・中性)や数(単数・複数。サンスクリット語には両数もある)によって、語形を変えるからである。英語は代名詞などにその名残を残すだけで、これが退化してしまっているが、フランス語やドイツ語にはこれが残されている。サンスクリット語やパーリ語はその源を遡っていくと、ギリシア語やラテン語と同じインド・アーリヤ語族に属する言語なのである。

そして、これら関係代名詞と指示代名詞に挟まれた'anicca','dukkha','anattan','sūnyatā'が「無常」「苦」「無我」「空」に当たり、'rūpa'はこれらの主語として登場する「色」に相当する。

【無常=苦=無我】

このように原始経典の「無常であるもの、それは苦しみである」「苦しみであるもの、それは無我である」は、『般若心経』の「色即是空、空即是色」とそっくりの構文を持っており、しかもその主語も、色・受・想・行・識と同じであることが分かる。おそらく『般若心経』は、ここに説かれた無常・苦・無我の代わりに「空」を代入したのであって、『般若心経』はこの文章を土台として形成されたものと想像される。

それはともかく、「無常即是苦」「苦即是無我」とするのであるから、

無常＝苦

苦＝無我

ということになり、結局、

無常＝苦＝無我

となると解してもよいであろう。

【無常は生老病死を表わす】

ところで、無常とは常住ではない、すなわち儚《はかな》いということである。辞書風に言うと、「生滅変化して移り変わり、しばらくも同じ状態にとどまらないこと」という無味乾燥なものになるが、もともとはもっと卑近な、生まれれば老い、老いれば死ななければならないということを表わしたのであって、『スッタニパータ』（第八〇四～八〇八偈、中村元訳『ブッダのことば』）という古い経典に、

ああ短いかな、人の生命よ、百歳に達せずして死す。たといそれよりも長く生きたとしても、また老衰のために死ぬ。

人々は「わがものである」と執着した物のために悲しむ。〔自己の〕所有しているものは常住ではないからである。この世のものはただ変滅するものである、と見て、在家にとどまっていてはならない。

人が「これはわがものである」と考える物、それは〔その人の〕死によって失われる。われに従う人は、賢明にこの理を知って、わがものという観念に屈してはならない。夢の中で会った人でも、目がさめたならば、もはやかれを見ることができない。それと同じく、愛した人でも死んでこの世を去ったならば、もはや再び見ることができない。「何の誰それ」という名で呼ばれ、かつては見られ、また聞かれた人でも、死んでしまえば、ただ名が残って伝えられるだけである。

と痛ましく謳《うた》われるとおりである。

「無常すでに至らば誰かたへん」(『往生要集』(20))というのは、死が訪れたときには誰もどうすることもできないという意味であって、日本語でも無常は死と同義に使われていた。したがって、もともと無常は、生まれれば病気し、年老い、やがては死んでいくということを表わしたものであって、決して「しばらくも同じ状態にとどまらないこと」といった、他人事で済まされるものではなかった。むしろ私自身が、生まれれば、病気し、老いさらばえ、やがて死んでいくということであって、それが苦しみだというのは、何の解説も要しないであろう。しかしながら、「苦しみであるもの、それは無我である」というのは、ちょっと合点がいかないと頭をひねられる人が多いに違いない。

【苦＝無我か】

もちろん、苦しみは迷いの状態を表わす。四諦を解説した際にも述べたとおり、苦しみが滅し煩悩が滅したところが覚りだからである。したがって苦しみは解決され、滅せられなければならないあり方ということになる。ところが無我という言葉は、「無我の境地」とか「無我になりきる」、あるいは「無我愛」などと使われるから、むしろ覚りの境地、ないしはあるべき心のあり方を表わす言葉として用いられていると言ってよい。そうだとすれば、苦しみは迷い、無我は覚りの状態を表わすから、「苦＝無我」という等式は成り立ち得ない。むしろ「苦≠無我」でなければならない。

しかし、仏典とくに原始仏教経典の中で、それこそ数百回も説かれる文章は、先に引用したとおりなのであるから、実は原始仏教経典に関する限り、無我を覚りの境地と見ることは間違いと言わざるを得ないのである。

無我は覚りの境地か

そこで、無我が覚りの境地ではなく、むしろ苦しみを表わすという証拠をいくつか示してみることにしよう。

先に引用した文章の中に、「色・受・想・行・識が無常であり、苦であり、無我であることを、正しい智慧をもって『あるがまま』に知ると、色・受・想・行・識において厭《いと》い離れ、厭い離れて欲望を滅する」云々という句があった。

【厭離】

この中の「厭い離れる」という言葉のサンスクリット語は、nirvindati（ニルヴィンダティ）で、「うんざりする」とか「ムカムカするほど嫌になる」という意味である。たとえばここに高貴で美しい輝きを放つ宝石があるとしよう。この宝石を眼の前に出され、ためつすがめつして「あるがまま」を知ったとすれば、厭い離れる気持ちが起きるであろうか。欲しいと思い、手に取って見たいと思いこそすれ、とても厭離《おんり》するなどという気持ちにはならないであろう。ところが眼の前に汚物でも吐かれたら、そこから一刻も早く遠ざかりたいと思うに違いない。

ところが、無常であることや苦であることはもちろん、無我であることを「あるがまま」に知ると、厭い離れたいという気持ちが生じ、それに対する欲望がなくなると言うのであるから、無我は宝石のように手に取りたい、欲しいと思うようなものではなく、汚物のように一刻も早く遠ざかりたいと思うものであるということになる。仏教の教えの基本的構造は、「厭離穢土《おんりえど》、欣求浄土《ごんぐじょうど》(21)」とすることができるが、「無我」はこの中の「穢土」に相当するのである。

そして、もう一つ注意しておかなければならないのは、無常や苦や無我が、色・受・想・行・識の五蘊《ごうん》について言われていることである。

【五蘊】

五蘊のうちの「色」は衆生の肉体を言い、「受」はお腹が痛いとか、手が冷たいという感覚を言う。そして「想」は、たとえば医師に「どのように痛みますか」と問われたとき、「鳩尾《みずおち》のあたりがキリで刺されるように痛みます」などと、イメージとしてはっきり思い描くことを言い、また「識」は、「あなたは十二指腸潰瘍です。手術いたしましょう」と言われたとき、仕事のことや家族のことなど、さまざまな事柄を思慮分別することであり、「行」はその結果、手術をするかしないかはっきりと決断する意志の働きを言う。

要するに、五蘊とは肉体と四つの精神作用を表わす。仏教は衆生あるいは人間の中心に、霊魂とかアイデンティティーに相当する自我といった実体を認めないから、このように構成要素に分けて示すのであって、したがってこれは衆生あるいは人間を意味する。別の視点から言うと、このほかに霊魂などという他の要素は存在しないということを表わそうとしたものである。したがって五蘊は「一切法(22)」の同義語である。原始聖典には、このほかに「十二処《じゅうにしょ》(23)」とか「十八界《じゅうはちかい》(24)」という分類方法も見出されるが、これらも衆生あるいは人間を別の視点から分析したまでのことで、これらも「一切法」の同義語である。「十二処」「十八界」は、眼《げん》・耳《に》・鼻・舌・身・意という六つの感覚器官を中心に、その対象や、認識を要素として掲げたものである。

しかし、このような分類はあまりに大ざっぱすぎて、分類方法として不完全ではないかという疑問が生じるかもしれない。確かに、一切があまりに主体の側に偏りすぎていて、客体の側がおろそかになっているし、主体の側にしたところで、貪《むさぼ》りとか、怒りとかという、いわゆる煩悩に属する精神作用が無視されているように見えるからである。主体の側に偏重しているのはそれなりの事情があったのであり、これについては後述する。また、煩悩に関わる精神作用は次のように捉えられていたのである。

私事で恐縮であるが、私は梅雨どきに持病の十二指腸潰瘍を悪化させて、大変苦しんだあげく、とうとう手術をしなければならなくなったということがあるせいか、そのころになると、鳩尾《みずおち》のあたりがチクチクし始める。そして、「ちょっとおかしいな」という不安があると、とたんに再発が心配されて、こんどこそ癌《がん》ではないかと、その痛みはさらにひどくなり病院に行くことになる。ところがレントゲンを撮って、医師から「きれいなものですよ、悪いところはありません」と言われると、もう病院からの帰りにはチクチクなどどこかに消し飛んでいる。

【心頭滅却すれば火もまた涼し】

「心頭滅却すれば火もまた涼し(25)」という言葉があるように、人間の感覚など当てにならない。夏の暑さはそれを気にして「暑い、暑い」と言えば言うほど、余計に暑く感じられる。比較的素朴な精神作用である感覚でさえ然りであるから、私たちがなす判断や行動など、誤りだらけである。そして、なぜ私たちがなす判断や行動、あるいは感覚でさえ誤るのかと言えば、それらの精神作用がすでに煩悩に影響されているからである。心配やら恐れやらがあるから、痛くもない胃が痛みだし、クーラーのある部屋で涼しく過ごしているヤツがいるのになどというひがみ心や怒りがあるから、さほど暑くない暑さも耐えられない暑さになる。昨日までエクボに見えていたのが、肘鉄をくらわされた今日はアバタ（26）に見えるのもそうである。「さすがにフランス料理だからうまい」とか、「やっぱり屋台のラーメンはこんなものだ」というのも、余計な分別心が無分別智を邪魔しているのである。そういう意味では肉体も同様であって、気分の昂揚している時にはよく動くし、滅入っているときには身体も重い。すなわち、私たちは蚕のように煩悩に覆われていて、その行なう精神活動も肉体活動も、すべて煩悩のなせるわざと言わざるを得ない。

だから、煩悩というものは五蘊のほかにあるのではない。貪りとか怒り、あるいは偏見や無知といった煩悩は、こうした色・受・想・行・識という精神活動や肉体活動を通して現われる。貪りが隣の芝生を青く見せ、怒りが微笑みを冷笑と勘違いさせる。すなわち、色・受・想・行・識は、決して純粋な色・受・想・行・識として働いているのではなく、常に煩悩と一緒になって働いている。だから、五蘊はこれだけで「一切」であって、煩悩は五蘊の中に溶け込んでいるのである。

【五取蘊】

普通は五蘊と言えば、こうした煩悩と一体となったものを指すのであるが、特に煩悩が含まれていますよ、と注意する必要のある場合には「五取蘊【ごしゅうん】[27]」という言葉が用いられる。たとえば、四苦八苦の最後の「五取蘊苦」などがそうである。だから、先にはこれを「迷っている私たちは苦しみの存在であるという苦しみ」と解説しておいたのである。もちろん五取蘊の中の「取」は煩悩の同意語である。

【五蘊と五取蘊の関係】

ついでながら、仏典においては五蘊と煩悩と五取蘊の関係が、次のように説明される。釈尊は、「五蘊が即ち煩悩なのですか、それとも五蘊と煩悩とは異なるのですか」という質問に、

五蘊がそのままで煩悩というわけではない。といって、五蘊と煩悩が異なるのでもない。五蘊の中に欲貪があるのを五取蘊というのです（『雑阿含経』巻二、MN. 44　有明小経、MN. 109　満月大経、SN. 22–82）。

と答えられたとされる。

以上のように、一般にはあまり注意されていないのであるが、無常や苦や無我の説かれる色・受・想・行・識は、正確に言うと五取蘊を指す。だから先の文章は、

煩悩にまみれた五蘊（五取蘊）、すなわち迷える衆生は無常であり、苦しみであり、無我である。と読まなければならない。したがって、無我の主語は迷える衆生であり、ここからも無我が覚りを得た人の心のあり方を指すという解釈は成立しない。

【無常諦・無我諦】

以上のように考えると、無我は苦しみや無常と同じレベルの言葉であって、決して覚りの境地を表わすものではないということがよく分かっていただけたであろう。この章の冒頭に、仏教の人間観は、人間を無常であり、無我であり、そして苦しみとしての存在と見ることと言った。四諦という仏教の真実観では、その人間のあり方を苦しみに代表させて、苦諦と言ったのであるが、無常も無我も人間の「あるがまま」を「あるがまま」に観察して得られた事実であり、しかも無常＝苦＝無我なのであるから、結局のところ、苦諦は無常諦でも無我諦でもよいことになる。

【因縁所生】

しかしながら実のところ、これはごく初歩的な仏教学の知識さえあれば必然的に導かれる結論で、こんな七面倒くさい論証をする必要はないのである。どんな仏教辞典でもよい。試みに「無常」や「無我」あるいは「縁起」という語句を引いてみていただきたい。そこには、「一切の縁起によって成り立ったもの（因縁所生(28)の法）は、その因や縁という条件によって生滅変化するから無常と言い、永遠不変の実体というものは存在しないから無我と言う」といった意味のことが書いてあるはずである。無常や無我であるのは、一切のものが因縁によって成り立っているものであるからだ、と言うのである。それが「諸行無常」「諸法無我」の意味である。

【有為・無為】

一方、「因縁（縁起）によって成り立っているもの」とは「有為《うい》(29)」のことで、「有為」を引いてみると、「迷いの世界を言う」とされているはずである。これに対する「無為《むい》(29)」という言葉は、縁起によって成り立っていない世界のことを言い、覚りを意味する。「有為」は、「いろは歌」の「うゐのおくやまけふこえて」の「うゐ」であり、うゐを超えた世界は「無為」であって、覚りの世界を表わす。

これが仏教辞典などで得られる初歩的な知識であるが、これを整理すると、

縁起によって成り立っている世界＝有為＝迷いの世界＝無常・無我

縁起によって成り立っていない世界＝無為＝覚りの世界

となるから、辞書の説明から言っても、無常や無我は迷いの世界のあり方とせざるを得ない。

【覚りを表わす無我】

ところが、いつしか無我は覚りの境地を表わす言葉と解されるようになった。仏教は煩悩を取り去って、覚りを得ることを目標とする。この煩悩の根源には自分がかわいいという間違った自己中心主義が

あることは、誰しも認めるところであろう。自分がかわいいから、自分さえよければよいという心が起こる。だから自分に都合のよいものであれば欲しがるし、都合の悪いものは避けたいと願う。貪欲も怒りも、ここに淵源する。我利我利亡者になるな、自分を捨てよ、という意味で「無我」という言葉が使われるのなら、それは望まれる心のあり方である。だから、同じ「無我」という言葉も、使い方によっては、その意味する内容が異なるわけである。しかし、これは通俗的な意味であって、少なくとも以上述べてきた仏教用語としての無我を覚りのあり方と見ることは間違っていると言わなければならない。

無我とはどういう意味か

【無我の意味】

それでは原始仏教時代には、「無我」はどのような意味内容を有したのであろうか。

無常や苦しみや無我は、五取蘊という迷っている衆生について言われたものであった。また、無常や苦しみが「生まれ、老い、病気し、死ぬこと」などと、私たちにとってごくありふれた卑近な事実をもって説明されるのであるから、「無我」もそのような次元で解釈されなければならないということは見当がつく。

『雑阿含経（30）』（巻五）という原始経典は、無我を説明して、

もし国王であるならば、罪人を死刑にし、あるいは手足を切り、鞭打つとも、また勲功のあった人に象や馬を与え、財宝をもって賞するのも自由自在である。しかしながら、衆生は無我であるから、自分の色・受・想・行・識すら自由にすることができない。

としている。

【不自由】

それでは、自分の肉体や精神作用すら自由にできないというのは、どういうことかと言えば、別の経典では（SN. 22–59, Vinaya,『雑阿含経』巻一三）、

もし色や受・想・行・識が我であるならば、色や受・想・行・識が病気になるということもないであろう。自分の色や受・想・行・識をこうしよう、こうしないでおこうということができるであろう。ところが、色や受・想・行・識は無我であるから、病気にもなり、こうしよう、こうしないでおこう、などということができない。

と説明している。すなわち、五取蘊と表現される煩悩にまみれた衆生は、生まれれば老い、老いれば病気し、やがては死ななければならない存在である。そこで、誰しも「不老」を願い、「不死」を求めるのであるが、煩悩にまとわれた衆生には我（アートマン）がないから、これを如何ともしがたい。要する

に、生老病死に迫られてニッチもサッチもいかない状態に追い込まれている、それが「無我」だと言うのである。一般的には、四苦八苦(31)のうちの「求不得苦《ぐふとくく》」は、金銭や名誉などを求めても得られない苦しみと解釈されているが、仏典によれば「私たちが迷いの衆生である限り、不老・不死というものを求めても得られない」というのが本来の意味である。まさしく「求不得苦」は「無我」と同義であるわけである。

【無常＝苦＝無我】

したがって、

無常＝生・老・病・死

苦　＝生・老・病・死

無我＝生・老・病・死

ということになって、結局、

無常＝苦＝無我

という等式が成立する。

あるいは、あまりに当たり前で平凡な結論に、読者諸賢は戸惑いを感じられるかもしれない。それならもう一度、仏教の真実観を思い返していただきたい。仏教の真実は、身の周りにある卑近な「あるがまま」なのであるから、もともと大袈裟な真理などを表わすはずはない。むしろ、このような私の身の周りにある卑近な事実に、真摯に立ち向かうことこそが、仏教の目指すものなのである。

【解脱】

ところで、この「無常・苦・無我説」はこれで終わったわけではない。まだ続きがあり、この後半部分もまたすこぶる重要である。それは、五取蘊は無常であり、無常であれば苦であり、苦であれば無我であることを、正しい智慧をもって知らなければならない。このように「あるがまま」を知る者は、五取蘊において厭い離れ、煩悩を滅して、「煩悩が滅するが故に解脱(32)し、解脱したことにおいてすでに解脱したという智が生じ、そうして生まれ変わるということは終わり、修すべきことはすでに修し終わり、なすべきこともなし終わって、再びこの苦しみの生存に戻ってくるようなことはない、と智慧をもって知る」としていた。

この文章も、現代人にとっては決して分かりやすいとは言えないが、先の前半部分が衆生の迷っている状態の真実を述べたのに対して、この部分が覚りの真実を述べたものであることは、おぼろげながらも想像がつくであろう。

【無常・苦・無我の意味】

これをかみくだいて解説してみると、おおよそ次のようになる。

私たちは、生老病死に迫られて（無常・苦）、不老不死を願い求めても得られるはずはないというニッチもサッチもいかない状況に追い込まれている（無我）。これが、私たちの煩悩にまとわれた凡夫としての限界状況（33）である。

知識として、私たちはこのことを十分に認識しているが、「あるがまま」を「あるがまま」に知る無分別智によって、これを如実知見しているわけではない。その証拠に、もう一度自分の心の奥底をのぞいてみるがよい。両親は先に死に、友人たちもいつかは死んでいくであろう。そうなると寂しくなるな、といった思いはないであろうか。然り、他人は死んでも、どっこい自分だけはいつまでも生き残り、心の底のどこかで「死ぬわけなんかない」と思っている。

ところが私たちは、もちろん自分も含めて、生老病死に迫られ、ニッチもサッチもいかない状況に追い込まれている。まさしく、酒を飲んでくだを巻いている暇などないのである。このように「あるがまま」を知るようになると、この限界状況をなんとかしなければならないという、やむにやまれぬ衝動に突き動かされることになる。いわば実存に目覚めるうずきであり、これがまた智慧から生じる働きでもある。

後に詳しく述べるけれども、仏教ではこうした限界状況を作り出している元凶は煩悩であると見た。いたずらに生存を追い求める盲目的な欲望、求めても得られない不老不死を、それでも無意識のうちに願っている欲望、そのような欲望が、そもそもこうした限界状況を作り出しているのである。皮肉なことに、不老不死を求め、生に執着すればするほど、生老病死の如何ともしがたいことが顕わとなる。

【不死】

そこで、このような限界状況を「あるがまま」に知ると、このような生存形態がムカムカするほど嫌になり、このような生存に欲望を抱いていたこと自体がバカらしくなって、その欲望が滅する。そうすれば、やれ生・老・死だとか、やれ不老・不死だというこだわりがなくなるから、これを解脱と言うのである。時には、これが「不死(34)」と表現されることがあるが、これはこだわりとしての生死や不老不死を超えたということを意味するものにほかならない。

【後有を受けず】

そして、この解脱の状態が「そうして生まれ変わるということは終わり、修すべきことはすでに修し終わり、なすべきこともなし終わって、再びこの苦しみの生存に戻ってくるようなことはない」という文章で示される。これが原始仏教経典の表現する覚りの常套句である。

要するに、生老病死という限界状況に追い込まれていた生存形態、すなわち生まれ変わり死に変わりする輪廻の輪から解脱して、自由の境地に達したということを表現したものである。「この生はすでに尽きた」「再びこの生存に戻ってこない」というのは、いかにも現世否定的で、厭世的な印象を免れ難いが、ともかく原始仏教はこうした人生観をもとに成立していたのである。

【涅槃寂静】

三法印や四法印では、この覚りが「涅槃寂静」と表現される。「寂静」という言葉に相当するサンスクリット語は「シャーンティ（śānti）」であって、これは現代のヒンディー語では「平和」を意味する。すなわち、涅槃の境地こそ「平和」であると言うのである。したがって、これは「諸行無常」や「諸法無我」あるいは「一切皆苦」へのアンチテーゼとして提示されたものであることが分かる。

ところで、以上のような説明を、不適合感を抱きながら読んでおられる読者も少なくないに違いない。そういう読者は「人生」はそもそも謳歌すべきものであって、忌避するようなものではない、何回でも生まれ変わり死に変わりできるなら、かえって喜ばしいことじゃないか、だから生まれ、老い、病気し、死ぬということが、はたしてそれほど大騒ぎするほどの苦しみなのであろうか、とおっしゃるであろう。もしこのように、生老病死が苦しみでなければ、仏教が言う覚りはこの苦しみから解脱することなのであるから、仏教の覚りなど全く意味のないものとなってしまう。となれば、仏教の教えもまた必要がないものとなってしまいかねない。

そこで、すでにところどころに関説してきたのであるが、もう一度まとめて苦しみということを考えてみよう。

苦しみと解脱

【苦あれば楽あり】

「人生楽ありゃ苦もあるさ、押してもダメなら引いてみな」という歌がある。テレビの長寿番組「水戸黄門」の主題歌の一節である。人生まんざら捨てたものじゃない、というのは、日本人大多数の感慨に違いない。ところが仏教は、

楽は少なく苦は多く、少楽は現ぜざるが故に名づけて苦となす。大河の中に一合の塩を投ずるも、たちまち塩の相を失いて名づけて塩水となさざるが如し（『大智度論』巻三一）。

苦多くして楽少なく、少は多に従うが故にただ苦とのみ名づくるなり。毒瓶の中に一滴の蜜を入るるも、少は多に従うが故にただ毒瓶と名づくるが如し（『大毘婆沙論』巻七八）。

と言う。あるいは、人生の中の楽というのは、次のように頼りないものだとも言う。

人が悪象に追われて井戸の中に逃げ込み、樹の根につかまって一息ついたとしよう。ところが、四辺には毒蛇がいて不気味に炎のような舌を出している。しかも、樹の根元には二匹の鼠がいて根をかじり、つかまっている根は今にも切れそうになっている。外からは野火も迫ってくる。そのような絶体絶命の

状況の中で、樹にある蜂の巣から蜜がしたたり落ちてきたので、これを貪り食う。人生の楽に執着するのはこのようなものだ、と（『譬喩経』）。

【三大教説】

いやそれどころか、釈尊の一日五回にも及ぶお説教の大部分は、人生もこの世もすべて苦ばかりということを教えるものであったと言っても過言ではない。原始仏教の教えの代表は、先に述べた無常・苦・無我説であり、四諦説であった。それに、これから述べる縁起説を合わせて「三大教説（35）」と呼んでよいと思う。言うまでもなくその主題は生老病死であり、苦である。そしてこれらの教えは、原始仏教経典の中にそれぞれ三百回も四百回も登場するのであるから、その多さにいささか辟易させられるほどである。まさしく、仏教の教えの中心は苦なのである。

【三苦】

この苦は仏教学的には「三苦」をもって説明される。三苦というのは、苦苦《くく》・壊苦《えく》・行苦《ぎょうく》の三つである。苦苦とは意に添わない、もともと苦しみと感じられる苦しみであって、たとえば十二指腸潰瘍の痛みや、好きな女性に振られた悲しみや、欲しい自動車が手に入らない悩みといったものを言う。

【壊苦】

ところが人生には、どこといって悪いところのない健康や、憧れの女性と結婚できる幸せ、苦労して頭金を貯めて手に入れた車が手元にきた時の喜びなどがないわけではない。しかし、こうした幸福はいつまでも続くとは限らない。やがては健康もむしばまれ、花の顔（かんばせ）も色あせ、車も傷んでくるのにローンの返済には迫られる。このように、幸福は束の間で、やがては崩折れてしまわざるを得ないから、これを壊苦《えく》と言う。「ひととき楽と感じられるものも、重い荷物を背負っていて、肩を換えるようなもの」「悪性のはれもののうずきが、薬を塗ったその時だけ和らぐようなもの」（『倶舎論』巻一三、『大智度論』巻一〇）なのである。

【行苦】

ということは、結局のところ、人生は無常であり、生滅変化を蒙らざるを得ないから、人生すべからく苦しみということにならざるを得ない。これを行苦と言い、「一切皆苦」とは「一切行苦」という意味である。すなわち、苦しみはもちろん、楽しみも、苦しみでも楽しみでもないものも、突き詰めてみればすべて苦しみ、というのが三苦の言わんとするところである。

したがって、生老病死が苦しみでないわけはないのである。何度も言うようであるが、生老病死が苦しみでないのは、自分の生老病死になっていないからにすぎない。自分だけは死ぬわけはないという気持ちがどこかにあるからである。あるいは、日常の雑事にかまけて、生老病死とまともに顔を突き合わせるのを避けているからである。

その証拠に、「あなたは、すでに癌がかなりの程度に進行しています。あと余命いくばくもないでしょう」とでも宣告されたとしたら、これを平静に受け止められる人が何人いるであろうか。「人生まんざら捨てたものじゃない」と言う人は、日ごろからの覚悟ができていない分だけ、そのショックは大きいに違いない。大勢の信者の前で仏法を説いていた禅の老師でさえ、病気を苦にして自殺することさえある。筆者は癌を告知したほうがよいという意見を持っているが、はたして自分がそれに耐えられるかということについては、必ずしも自信を持っているわけではない。この辺のところを、黒沢明監督の名作映画『生きる』は実によく描いていた。

原始仏教はこのような人間の置かれた限界状況を突き詰めて、「あるがまま」に見よ、と教える。少々悲観的にすぎるかもしれないが、これも人間の真実に違いないのである。

【苦からの解脱】

こうした限界状況の苦しみから解脱することが覚りである。その覚りは、こうした限界状況の生老病死＝無常・苦・無我を「あるがまま」に知るとき、生存に対する盲目的な欲望が滅することによって得られる、と言う。四諦説は、この苦しみの根底には煩悩がある、だから煩悩をなくさなければならない、と教えた。これを詳しく説明したのが縁起説であるから、ついでにこれを解説しておこう。

【十二縁起説】

縁起とは、一切のものはさまざまな条件や関係の上に成り立っているということで、一切の現象の底に通貫する永遠不変のダルマ（理法）であった。だから、さまざまな現象を捉えて、さまざまな角度から説明することが可能である。原始仏教の教えは、常に私の生老病死を主題としているので、そこで原始仏教の縁起説は生老病死がどのようにして成り立っているかを主題とする「十二縁起説」としてまとめられた。もちろんこれは、私たちの苦しみは決して神の与えた試練というようなものでもなく、また宿命的に決まっているのでもなく、偶然でもなく、然るべき因果関係があってそうなったということを説明しようとしたものである。理法としての縁起と、教説としての十二縁起の関係については、後に述べる。

ともかく、十二縁起説は「十二の項目からなる縁起」という意であって、その十二は、

①無明《むみょう》 ②行《ぎょう》 ③識《しき》 ④名色《みょうしき》 ⑤六入《ろくにゅう》 ⑥触《そく》 ⑦受《じゅ》 ⑧愛《あい》 ⑨取《しゅ》 ⑩有《う》 ⑪生《しょう》 ⑫老死《ろうし》、愁悲苦憂悩《しゅうひくうのう》

である。これらは「〜によって」とか「〜を縁として」という言葉で結ばれ、「無明によって行あり」とか「無明を縁として行あり」というように表現されるのが普通である。

これらは次のような内容を持つ。《無明[36]》とは、明《みょう》すなわち智慧のないことである。智慧とは「あ

るがまま」を「あるがまま」に知る無分別智であるから、無明は「あるがまま」を「あるがまま」に知らないことであり、換言すれば、さまざまな先入観や偏見という分別に惑わされていることである。《行[37]》は行為のモチーフ、すなわち意思であって、この意思は無明によって根拠づけられている。そこで、この意思から生じる精神作用には、すべて分別という相対的認識を伴うことになる。このような潜在的な認識能力を《識》と言う。

認識は視覚に相当する「眼識《げんしき》」と、聴覚に相当する「耳識《にしき》」、嗅覚に相当する「鼻識《びしき》」、味覚に相当する「舌識《ぜっしき》」、触覚に相当する「身識」、知覚に相当する「意識」の六識に分けられるから、その対象も視覚で見る色と形を持った「色」と、聴覚で聞かれる音すなわち「声《しょう》」と、嗅覚でかがれる「香」と、味覚で味わわれる「味」と、触覚で感じられる「触」と、知覚で認識される抽象概念があることになる。《名色[38]》は最後の抽象概念を「名」と言い、はじめの五つをひっくるめて「色」と呼んだものである。

もちろん「眼識」で「色」が認識されるためには、感覚器官としての「眼」がなければならない。だから、感覚器官には「眼」「耳」「鼻」「舌」「身」「意」の「六根」が立てられる。これを《六入[39]》と言う。このような認識の潜在能力と認識の対象と感覚器官の三者が互いに関係し合って具体的な認識作用を起こすことになる。この三者が関係し合い、触れ合うことを《触》と言う。

こうして実際の認識が生じることになるが、これらは無明によって動機づけられているから、言葉を換えて言えば、本当の智慧ではない分別智によって起こされた認識作用であるから、感覚としては苦しいとか楽しい、暑いとか寒いといった相対的なものとして現われる。「人生苦もありゃ楽もある」という次元の苦楽、寒暑である。このような感覚を《受》と言う。これらに対し、私たちは楽しいものは手に入れ、苦しいものからは遠ざかりたいという欲望を抱く。これが《愛(40)》であるが、いったん手に入れたいと思ったものは何がなんでも手に入れたいというのが人情であり、嫌になったものは「親が憎ければ子まで憎い」となるのも、また人情である。このように、欲望に執着することが《取(41)》である。

こうして分別智に惑わされて生存を続ける私たちは、真実の智慧がないが故に煩悩に翻弄されることとなり、このような煩悩がある限り、輪廻転生する迷いの生存を繰り返さざるを得ない。こうした生存原理を《有》と言い、この生存原理によって生まれ変わり、死に変わりを続けることになる。それが《生》や《老死》である。それらは愁い・悲しみ・苦しみ・憂い・悩みにほかならない。

【縁起の滅】

しかし、「あるがまま」を「あるがまま」に知るという本当の智慧が得られれば(無明の滅)、これをもとにして起こる意思(行の滅)も認識(識の滅)も、先入観や偏見に惑わされない無分別なものとなるから、たとえ対象(名色の滅)や感覚器官(六入の滅)と接触(触の滅)して感覚が生じたとしても、それは苦や楽、暑いとか寒いというように相対的に分別されるものではなく、一切行苦となる(受の滅)。

だから、厭離の気持ちが生じ、これを貪るということもない（愛の滅、取の滅）。したがって、生存の原理そのものも解決され（有の滅）、生や老死からも解脱するから（生の滅、老死の滅）、そこで「再びこの苦しみの生存に戻ってくることはない」。これが覚りである。これを「縁起の滅」と言い、「無明滅するが故に行滅す」「行滅するが故に色滅す」などとして、最後に「生滅するが故に老死滅し、愁い・悲しみ・苦しみ・憂い・悩み滅す」と表現される。

大乗仏教の人間観

以上が仏教の、特に原始仏教経典を中心とする仏教の人間観である。

【初期仏教の人間観】

インドに興り、インドで発展した仏教は、その後、釈尊の教えを忠実に継承しようとして、その注釈研究に力を注ぎ、非常に精緻で大部な体系的論文を次々と製作した阿毘達磨《あびだつま》仏教(42)（その過程で、さまざまな意見が生じて学派が分かれたので、部派仏教(43)とも言う）がつづき、これがあまりにも学問的になりすぎて、一般民衆の心から遊離してしまったため、仏教を大衆に取り戻そうという一種の改革運動が鬱勃として興り、『般若経』『法華経』『華厳経』や「浄土経典」などが成立した。彼らは、それ以前の仏教を小乗（44）とさげすみ、自らを大乗（45）と称したので、これは大乗仏教と言われる。しかし「小乗」という言葉も「大乗」という言葉も、一方の立場の人々が勝手に名づけただけのもので、決して客観性を持っているわけではない。特に「小乗」は、一方的に投げつけられた蔑称であり、あまりよい言葉ではないから、「初期仏教（46）」とでも呼んだほうがよい。

【厭離穢土、欣求浄土】

このような仏教の歴史の中での初期仏教は、どちらかと言えば悲観的に人間を見ていたということは否定できない。その最たる点は、この世を苦しみの世界とし、この世から解脱し、再びこの世界に生まれ変わってこないことを覚りとすることに現われている。浄土教の信仰は「厭離穢土《おんりえど》」と「欣求浄土《ごんぐじょうど》」という二本の柱からなっている。この世が苦しく穢らしいと感じられれば感じられるほど、浄土は美しいものと映るし、浄土の美しさ楽しさを思えば、さらにこの世の苦しさ穢らしさが増幅される。そこで、いよいよ「厭離穢土」の思いはつのり、「欣求浄土」の願いは高まる。

初期仏教の教えは、まさしくこの中の「厭離穢土」の立場に立っていた。苦しみや煩悩という現実の人間の「あるがまま」の姿を「あるがまま」に知見せよと教えたほうが、本当の智慧を獲得しやすいと考えた。そこで、四諦説や十二縁起説、無常・苦・無我説といった教えが形成された。

ところが、初期仏教の教えは「厭離穢土」という範囲にとどまり、決して「欣求浄土」にまでは展開しなかった。覚りがこの「苦しみの生存」を解脱して、再びこの「苦しみの生存」に戻ってこないとは説明されても、その「苦しみの生存」を解脱した世界とはどういうものかということについては、そのヒントさえも与えてくれていない。したがって、「解脱した結果得られる覚りの世界を欣求せよ」というもう一つの柱が成立するはずもなかった。

【大乗仏教の立場】

これに対して、後に成立した大乗仏教は、一転して覚りの立場から人間を見、教えを構成した。「欣求浄土」という視点は、初期仏教では陰に隠されていて、大乗仏教になって初めて強調されるようになった。大乗仏教では、仏の境地である法界や、その国土である浄土・仏国土が積極的に描かれる。

【二つの『涅槃経』】

こうした初期仏教と大乗仏教の姿勢の違いを最も象徴的に物語るのは二つの『涅槃経』である。二つのと言うのは、『涅槃経』にはいわゆる小乗の『涅槃経』と大乗の『涅槃経』があるからであり、二つとも釈尊の般涅槃、すなわち入滅を主題とするが、内容は全く異なる。小乗の『涅槃経』は、クシナガラ(47)の沙羅双樹《さらそうじゅ》の間で、涅槃像という仏像の等しくとる頭を北にして右脇を下にした、いわゆる師子臥《ししが》(48)の姿勢で亡くなった釈尊を荼毘《だび》に付し、お葬式を執り行なうところで終わるが、大乗の『涅槃経』はまさしくこのシーンから始まる。

このことが端的に語るように、小乗の『涅槃経』は釈尊も肉体を持った仏として、また肉体を持つ限りいつかは死ぬものとして捉えていたが、大乗の『涅槃経』は、仏は衆生に無常をさとらせる方便（てだて）として仮に死の形を現わしたものにすぎず、本当は永遠なのだということを説く。要するに、小乗の『涅槃経』は衆生の立場に立っていたから、仏もまた肉体を有し、死すべきものとして描かれたのに対し、大乗の『涅槃経』は仏の立場から仏を説明しようとしたのである。

このような小乗の『涅槃経』の立場と、大乗の『涅槃経』の立場の違いは、その思想においても対照的なものとして現われる。

【四顛倒】

初期仏教は、「あるがまま」は、無常であり、苦であり、無我であり、そして当然のことながら不浄（汚らしいということ）であると教えた。すなわち、真実は無常・苦・無我・不浄であるから、したがってこれを「常・楽・我・浄」と見ることは真実に反する。そこで、初期仏教では「常・楽・我・浄」と見ることを四顛倒《してんとう》（49）とする。

ところが、大乗の『涅槃経』では、真実は「常・楽・我・浄」であり、だから「無常・苦・無我・不浄」と見ることは四顛倒として排斥される。

このように、原始仏教と大乗仏教の『涅槃経』は全く相反した見解をとるのであるが、種明かしをすればごく単純なことで、「無常・苦・無我・不浄」の主語と、「常・楽・我・浄」の主語が異なるだけの話である。すなわち、初期仏教では常に迷いの凡夫たる衆生が主題であるから、すべての主語は衆生である。だから、凡夫のあり方は「無常・苦・無我・不浄」であるから、「常・楽・我・浄」と見てはならないと教えられたが、大乗仏教では一転して、仏あるいは覚りが主題となったから、その主語は仏になり、仏は「常・楽・我・浄」であるから、「無常・苦・無我・不浄」と見てはならないと教えられたにすぎない。

【一切衆生悉有仏性】

このように大乗仏教は、教えを構成するに際しての立場を、初期仏教とは異にするようになった。初期仏教は迷いの凡夫たる衆生にすわりを置いて思想を形成したから、その人間観も悲観的なものにならざるを得なかったが、大乗仏教は一転して、仏＝覚りの立場から教えを構成しようとした。そこで、その人間観も楽観的なものとなった。その大乗仏教の人間観を最も象徴的に語る言葉は、「一切衆生悉有仏性《いっさいしゅじょうしつうぶっしょう》（50）」と「煩悩即菩提」である。

「一切衆生悉有仏性」とは、生きとし生けるものはすべて仏となりうる種子を持っているということであって、これを最も強調したのが、先に紹介した大乗『涅槃経』であり、この思想を如来蔵《にょらいぞう》思想と言う。

如来蔵とは、tathāgata-garbha、（タターガタ・ガルバ）の語訳で、tathāgata、は如来すなわち仏を意味する。、tathā、は真実を意味し、、āgata、は「来る」の過去分詞である。だから如来とは、「真実から来た人」を意味する。また、、garbha、は胎児あるいは母胎を意味する。一切の衆生の中には如来になる種（胎児）があるとともに、一切の衆生は如来の母胎に蔵せられているということを表わす。これは、一切の衆生の本来の姿は清浄であって（これを「本性清浄《ほんしょうしょうじょう》（51）」と言う）、もし汚れているとしても、清らかな鏡の表面がほこりに覆われているようなもので（これを「客塵煩悩《きゃくじんぼんのう》」と言う）、一拭きしさえすればすぐに清らかなもとの姿を現わすという人間観から出発したものである。だから、そもそも人間は仏なんだという見方にもつながる。人間をむしろ、煩悩にまみれ、苦しみにさいなまれるものとして捉えようとした初期仏教とは、全く相反する見解と言わなければならない。

【煩悩即菩提】

そこで「煩悩即菩提《ぼんのうそくぼだい》」という言葉ともなる。煩悩はそのままで覚りであるという意味で、これに類する言葉には、ほかに「生死即涅槃（52）」「娑婆即寂光土《しゃばそくじゃっこうど》（53）」があり、これらも苦しみがそのまま覚りであり、苦しみの世界がそのままで仏国土であるということを表わす。

初期仏教では、苦しみの「あるがまま」を如実知見して、厭離し、煩悩を滅し、苦しみの世界から解脱しなければならないと説いたのに、親鸞《しんらん》（54）は「煩悩を断じないで涅槃（覚り）を得る」『教行信証《きょうぎょうしんしょう》』

行巻）と言う。煩悩がそのまま覚りなのだから、煩悩を滅する必要などない、というわけである。

同じ仏教なのに、なぜかくも大きく隔ってしまったのであろうか。それは、先にも書いたとおり、前者が迷いの世界＝人間にすわりを置いたのに対して、後者は覚りの世界＝仏にすわりを置いたからである。

しかしながら、こう説明しただけでは、大した解決にはなっていない。むしろ、なぜ初期仏教が迷いの世界にすわりを置き、大乗仏教が覚りの世界からものを見たのか、ということのほうが重要であろう。これは、初期仏教と大乗仏教の世界観を一瞥すれば氷解するのであるが、今はこれを説明する時期ではない。そこで、この疑問への回答はしばらく保留することにして（第四章参照）、稿を次に進めよう。

（1）**『涅槃経』**　原始経典の『涅槃経』と大乗経典の『涅槃経』がある。後者には北涼・曇無讖《どんむしん》訳の四十巻本と宋・慧厳等編の三十六巻本があり、北本・南本と通称する。経の内容については第二章「大乗仏教の世界観」参照。

（2）**玄奘**　六〇二〜六六四年。法相宗の開創者。インドへ旅して多くの仏典を持ち帰り、『大般若経』六百巻をはじめとする七五部一三三五巻にのぼる経論を翻訳した。その旅行記『大唐西域記』は当時の西域・インドを知る貴重な資料で、これをモデルにして、孫悟空などが活躍する『西遊記』が作られた。

（3）**辞典**　『仏教比喩例話辞典』（東京堂出版、一九八七年）。

（4）**進化論**　生物の進化の過程を神話的に説明するのではなく、科学的に説明しようとする試み。ここではダーウィン（一八〇九～一八八二）の『種の起源』（一八五九）に代表される、最適者の自然選択（淘汰）を通して、種はよく適合した個体によって構成されるようになる、といった理論を指す。

（5）**ＤＮＡ**　deoxyribonucleicacid の略。デオキシリボ核酸と言う。下等生物から高等生物に至るすべての生物の構成成分で、遺伝情報を担う。

（6）**草木成仏**　『大乗玄論』巻三などに説かれる。ちなみに、草木は一根の生命という。動物には見たり、聞いたり、嗅いだり、味わったり、触ったり、考えたりする、眼・耳・鼻・舌・身・意の六根が備わっているが、草木には身根しかないからである。

（7）**輪廻**　インドに古くからある考え方で、生命あるものは果てしなく生死を繰り返し、さまざまな生きものに生まれ変わり死に変わるとする。この苦しみから脱することが覚りで、これを「解脱」と言う。

（8）**『倶舎論』**　世親の著作で、初期仏教の思想を最も簡潔かつ体系的にまとめたもの。奈良時代の南都六宗の一つ倶舎宗の所依の聖典。世親については第一章の最後を参照。

（9）**律儀**　'saṃvara' の訳語で、悪を防止することを意味する。「お守り」「護符」はこの働きをもとにしていると考えられる。

（10）**『華厳経』**　仏の菩提樹下での覚りの内容を説いたもので、この世界は太陽の光が全世界を照らし出すように、毘盧舎那仏《びるしゃなぶつ》という仏の顕現したものにほかならないから、一切の存在は、重重無尽に関係しあっているとする。

（11）**『婆沙論』**　詳しくは『阿毘達磨大毘婆沙論』と言う。二百巻。説一切有部の根本聖典である『発智論』の注釈書。伝説では、カニシュカ王（紀元一二八年即位。一説には一四四年）が五百人の阿羅漢を集めて結集したものという。これが北伝の第三結集に当たる。北伝とはインドより北、すなわち中国やチベットなどに伝わったことを言う。

（12）**優曇華**　サンスクリット語の〝udumbara〟の音写。

（13）**劫**　kalpa の訳語。囲碁では一目を互いに取ったり取られたりする形を言うが、これを続けると果てしがないので、取られた後には、すぐに取り返すことができない約束となっている。

（14）**菩提心**　菩提（覚り）を求める心。覚りには声聞・縁覚・仏の三種があるが、菩提と言うときには仏の覚りを意味する。そこで「無上菩提心」とも言われる。この心を起こす出発点を「発菩提心」と言う。

（15）**色**　これと以下の受・想・行・識をまとめて五蘊と言う。衆生を構成する肉体的要素と精神的要素を五つに分類したものであるが、詳しくは第二章「無我は覚りの境地か」参照。

（16）**アートマン**　私たち一人ひとりの中心にあって、私たちを動かしているもの。譬えて言えば、電池で動くロボットなら電池に相当する。ウパニシャッドのアートマンを想定している可能性もある。これについては第四章の最後を参照。われわれは色受想行識という要素から成り立っていて、このほかの要素はない。これらはアートマンとは言えないから、われわれの中にはアートマンというものはないことになる。だから無我（アナートマン）であり、病気もするし、死も避けられない。

（17）**涅槃**　ニルヴァーナ（nirvāna）の音写。「(風が）吹く」を意味する〝vā〟という動詞に、「無」を意味する接頭辞〝nir（nis)-〟が付いてできた語で「火が吹き消された状態」を意味する。すなわち煩悩の火が吹き消された覚りの境地を言う。

（18）**『般若心経』**　「般若経」にはさまざまな種類があるが、その一つ。これに小本系と大本系の二種類があり、一般に読まれるのは小本系の玄奘訳で、二六八文字からなる。

（19）**色即是空、空即是色**　詳しくは第四章「色即是空」参照。

（20）**『往生要集』**　天台宗の僧・源信（九四二〜一〇一七）の著。日本浄土教の源流ともなった書物で、日本人の中に地獄や六道といった概念が定着したのは本書に負うところが多いとされる。「無常」は特に中世文学では「死」と同義に用いられることが多い。

（21）**厭離穢土、欣求浄土**　「厭離」は「えんり」とも読む。汚れた苦しみの現世を厭い捨てて、安楽な覚りの世界を切望するという意。特に浄土教においてよく用いられる。

（22）**一切法**　物質や精神を構成する一切の要素。「諸法」と「一切法」は同意異義語である。

（23）**十二処**　眼・耳・鼻・舌・身・意の認識器官である六根に、認識の対象である色・声・香・味・触・法の六処を合わせて十二処と言う。

（24）**十八界**　十二処に眼識・耳識・鼻識・舌識・身識・意識の六識を加えて十八界と言う。

（25）**心頭滅却すれば火もまた涼し**　臨済宗の僧・紹喜快川《しょうきかいせん》（?～一五八二）の言葉。織田信長が甲斐の武田を攻めたとき、快川が住職をしていた恵林寺に火を放った。このとき快川はこの言葉を残して、端然として焼死したとされる。

（26）**アバタ**　疱瘡《ほうそう》（天然痘）の治った後に残るあと。サンスクリット語のアルブダ（arbuda）に当たる。地獄には八熱地獄と八寒地獄があって、後者に阿浮陀地獄があるとされる。ここはあまりの寒さのために全身に皰《ほう》（皮膚にできるあわに似たもの）が生じるとされ、この様相が疱瘡の治ったあとに似ているところから名づけられた。

（27）**五取蘊**　五蘊は五陰《ごおん》とも訳される。五取蘊は五盛陰《ごじょうおん》とも訳され、そこで五取蘊苦は五盛陰苦とか、五陰盛苦とも訳される。

（28）**所生**　「生ぜられたもの」の意。漢訳仏典における「所」は受身形を表わす。「所知」は知られるもの、「所取」は把握されるもの、「所造」は造られたものを意味する。

（29）**有為・無為**　有為はサンスクリット語の'saṃ-skṛta'の訳で、「準備された」「作られた」を意味する。無為は'asaṃskṛta'で、語頭の'a'は否定を表わす前接辞。ちなみに「サンスクリット語」も原語は'saṃskṛta'であり、文法の細則にのっとった「完成された言語」を意味する。

（30）**阿含経**　「阿含」は'āga-ma'の音写語で「伝承」を意味する。詳しくは第一章の最後「原始仏教経典」を参照。

（31）**四苦八苦**　生・老・病・死を「四苦」と言い、これに愛別離苦、怨憎会苦、求不得苦、五取蘊苦（凡夫として存在する苦しみ）の四つを加えて「八苦」と言う。

（32）**解脱**　「解放されること」を意味し、覚りを表わす。一般的には輪廻の苦しみから解放されることを意味するが、仏典には「何が」「何によって」「何から」解放されるかによって、さまざまな用語が見られる。たとえば「心解脱」は心が貪愛から解放されること、「慧解脱」は智慧によって無智から解放されることを表わす。

（33）**限界状況**　ドイツの哲学者Karl Jaspers（一八八三～？）の用語で、人間が究極において突き当たる壁のごときものを言う。

（34）**不死**　この原語は'amṛ-ta'で死なないことを意味するが、漢訳では「甘露」と訳されることもある。

（35）**三大教説**　原始仏教聖典には、筆者の調査したところによれば、漢訳・パーリ併せて、無常・苦・無我説は三〇二回、四諦説は四九八回、縁起説は一八〇回説かれる。

（36）**無明**　’avidyā’の訳語。’vidyā’は智慧を意味するが、知識、学問、科学を指す場合もある。

（37）**行**　’saṃskāra’の訳語で、「作り出すこと」を意味する。ここでは行為の源であるところの「意思」を指す。

（38）**名色**　色は物質を指すが、名は心の領域の要素を指す場合もある。

（39）**六入**　六処とも言う。

（40）**愛**　’tṛṣṇā’の訳語で「渇愛」とも言う。のどが渇いて水を求めるような、根源的な欲望を意味する。仏教用語としての「愛」は、ふつうこのような煩悩を意味し、よい意味には使われない。

（41）**取**　取着、執着を言う。

（42）**阿毘達磨仏教**　阿毘達磨は’abhidharma’の音写語。ダルマはここでは三蔵の中の「経蔵」を指し、その注釈・研究書を意味する。

（43）**部派仏教**　一つの教団であった仏教が最初に上座部と大衆部に分裂したのを根本分裂と言う。これらからさらに十八あるいは二十の部派に分かれたとされる。

（44）**小乗**　’hīna-yāna’の訳語。’hīna’は「捨てられた」という意、’yāna’は「乗りもの」の意で、’hīna-yāna’

は「劣った教え」を意味する。

（45）**大乗** ’mahā-yāna’の訳語。「優れた教え」を意味する。

（46）**初期仏教** 本書では原始仏教と阿毘達磨仏教を併せた、大乗仏教に対するものを初期仏教と呼んでいる。

（47）**クシナガラ** Kusinagara マツラー族の都で、釈尊の生まれ故郷カピラヴァストゥの南方に位置する。現在も入滅された場所に大涅槃寺が建てられており、荼毘に付された所には仏塔が残されている。

（48）**師子臥** 仏は獅子（ライオン）に喩えられて「人中師子」などと呼ばれる。ただし、けもの偏を取って「師子」と表記される。そこで仏の説法は「師子吼」、仏の坐る所は「師子座」と言われ、仏の寝る形を「師子臥」と言う。左右の足を重ねて、右脇を下にして横になる姿を言う。

（49）**四顛倒** ひっくり返った、間違った四つの見解。

（50）**一切衆生悉有仏性** 大乗仏教にも、これに反対する説がある。法相宗は五姓各別《ごしょうかくべつ》説をとり、仏性を有しない「無仏性有情」も存在するとした。確かに、自己を厳しく内省していくと、いかんともしがたい悪魔性につき当たらざるを得ないという面もあり、「一切衆生悉有仏性」は楽天的にすぎるという印象もないではない。この両方を兼ね備えたものが仏教であろう。

（51）**本性清浄** 原始仏教経典にも、金鉱や銀鉱を陶冶すれば金銀が顕われるが如く、水は濁っていても本来は清らかであるが如く、人間の本性は清らかであると言う。したがってこの思想は仏教本来のものであったとも考えられている。

（52）**生死即涅槃**　涅槃は生き死にを超越した境地であるが、その境地は生き死にするその中にあるということ。

（53）**娑婆即寂光土**　娑婆とはこの苦しみの世界であり、それがそのまま常住の浄土たる常寂光土である、ということ。

（54）**親鸞**　一一七三～一二六二年。浄土真宗の祖で、『教行信証』はその主著。ただし「不断煩悩得涅槃」の句は、中国浄土教の開祖とされる曇鸞《どんらん》（四七六～五四二？）の『浄土論註』巻下にも見られる。

第三章　仏教の仏・菩薩観

無数の仏たち

前章では、迷いの衆生である人間観について述べた。そこで今度は仏教が、仏とその候補者である菩薩をどのように見ていたかを考えてみよう。

【buddha】

仏は、ブッダの音写語である仏陀《ぶつだ》の略である。ブッダは、サンスクリット語・パーリ語ともに〝buddha〟であり、「知る」「目覚める」「理解する」という動詞〝budh〟（ブド）の過去分詞である。したがって、「知った（人）」「目覚めた（人）」「理解した（人）」を意味する。そこで、仏は《一切智》《一切智者《いっさいちしゃ》》と称され、

仏というのは中国の音写語であり、翻訳して覚という。実をさとるから覚というのである（『大乗義章』巻二）。

と定義される。大乗仏教の代表的な経典の一つである『大品般若経《だいぼんはんにゃきょう》』[1]（巻二一）が、

諸法の実義を知るから仏と名づけ、諸法の実相を得るから仏と名づけ、実義を理解するから仏と名づけ、如実に一切法を知るから仏と名づける。

と言うのも同じである。

これらの文章の中で用いられる《実》とか実義・実相の《実》というのは、第一章で詳しく説明した真実のことであることは言うまでもない。'budh' という言葉は、木の枝から葉が落ちるのに気がつくといった、経験的な事実を知ることを意味するとされるから（中村元『バウッダ』）、まさしく「あるがまま」を知った人を意味するわけである。

【成仏】

要するに「あるがまま」を「あるがまま」に知見し得た者は誰でもが仏であって、仏は決して一人ではない。この世界に仏が一杯に満ちあふれていることは、甘蔗（さとうきび）や稲や麻が田畑に群生するようなものであり（『大智度論』巻六四）、何よりも仏教の願いはすべての衆生が一人の例外もなく仏となる（成仏《じょうぶつ》）ことである。そして、その可能性が確実に存在するから「一切衆生悉有仏性《いっさいしゅじょうしつうぶっしょう》」と言われる。

【bodhi-sattva】

菩薩の原語は'bodhi-sattva'（ボーディ・サットヴァ）である。'bodhi' も 'budh' から来た言葉で、菩提と音写され、「覚り」を意味する。'sattva' は衆生とか有情と訳される。要するに 'bodhisattva' は「覚りを求める人」の意であるから、広い意味では仏教に入って仏の覚りを求めて修行する人すべてを菩薩と言う。「一切衆生悉有仏性」の伝で言えば、「一切衆生悉皆菩薩」と言い得ることになる。

【神】

キリスト教やイスラム教の神(2)は、世界を創造した唯一で絶対の存在であるから、したがって神と仏とは本質的に異なる。また、キリスト教のイエス・キリストやイスラム教のムハンマド(マホメット)は、神に比べれば非常に人間的で身近であるけれども、イエス・キリストは三位一体説からも明らかなとおり「神の子」であり、イスラム教は唯一の神と直接に交じわる最後の預言者ムハンマドの権威を認めるところに成立するのであるから、これまた他の人物によって代替が利くという性質のものではない。したがって、菩薩をイエス・キリストやムハンマドと同列に置くこともできない。

このように、神やイエス・キリストやムハンマドは、私たち衆生から隔絶していて遠い存在であるが、仏教の仏や菩薩は私たち衆生と本質的な相違のないものとして捉えられている。

【諸仏】

このように仏や菩薩が決して一人ではなく、誰でもそれになりうる可能性があるといった見解は、決して大乗仏教だけのものではなかった。初期仏教は釈迦一仏説を採ると誤解されるけれども、初期仏教においても仏は決して一人ではない。

原始仏教経典には、

諸悪莫作《しょあくまくさ》（悪いことをなすなかれ）
衆善奉行《しゅぜんぶぎょう》（よいことをつつしんで行なえ）
自浄其意《じじょうごい》（自らの心を浄めること）
是諸仏教《ぜしょぶつきょう》（これがもろもろの仏の教えである）

という有名な句がある。

この句の中の「是諸仏教」は、パーリ語では‘etaṃ buddhāna sāsanaṃ’（エータン　ブッダーナ　サーサナン）と言い、‘buddhāna’は‘buddha’の複数形・所有格であるから、「是諸仏教」の「諸」は「教」にかかるのではなく、「仏」にかかるのであって、「もろもろの仏」の教えを意味する。そこで、この句は《諸仏通誡《しょぶつつうかい》の偈《げ》(3)》と呼ばれる。

また、今までしばしば述べてきた四諦の教えは、原始経典においては「諸仏最勝の教え(4)」と捉えられる。この句の中の「諸仏」も、‘buddhānaṃ’であるから、やはり‘buddha’の複数形・所有格であり、これも「もろもろの仏」の説かれた最も勝れた教え、という意味である。

そして、縁起は永遠不変のダルマ（理法）と言ったが、それは原始経典において「もろもろの如来たちが世に出現しても出現しなくても理法として定まり、確定している」と説かれているからであって、ここでも仏と同じ意味を表わす‘tathāgata’の複数形・所有格の‘tathāgatānaṃ’が用いられている。

このように、原始仏教経典においても、仏と称される人は釈尊一人という考えは毛頭なく、何人もの複数の仏がいることを前提としていた。釈尊は自分が仏教を始めたなどという思い上がった考えは持っておられなかったのであって、釈尊は諸仏の通られた古い道(5)を自分も通って、仏となったと自覚されていた(SN. 12-65,『雑阿含経』二八七)。

【阿羅漢】

それは過去に遡ってのみでなく、現在同時にも言えることである。原始経典では、仏は阿羅漢《あらかん》(6)とも呼ばれるが(大乗仏教では、阿羅漢という言葉は一段低い覚りを得た者の意に使われているが、如来の十の異称をまとめた如来の十号《じゅうごう》(7)の最初にこれが挙げられているように、もともとは仏と同義である)、釈尊が覚りを開いて仏となったあと、五人の比丘たちや、ヤサとその五十四人の友人たちを次々と教えさとし、覚りを得させたとき、「そのとき世の中に阿羅漢は六人となった」とか、「そのとき世の中に阿羅漢は六十一人となった」などと記されている。この「六人」や「六十一人」の中の一人が釈尊であって、弟子たちも覚りを得れば、釈尊と同じく阿羅漢と称されたのである。

それどころか、もしも初期の仏教徒が仏は釈尊一人だというかたくなな見解を持っていたとしたら、大乗仏教は生まれなかったであろう。

【大乗非仏説】

大乗仏教とは、『般若経』『法華経』『華厳経』『無量寿経《むりょうじゅきょう》』や『大日経《だいにちきょう》』『金剛頂経《こんごうちょうぎょう》』といった経典を信奉する仏教のことで、現在の日本の宗派はほとんどすべてこの大乗仏教の系統に属するのであるが、これらの経典は、歴史的には釈尊が亡くなってから四百年も経ってから、数百年をかけて徐々に作られた。それにもかかわらず、形は釈尊が説いたということになっているから、事実上はこれらの経典は釈尊というブランドを借りた、いわば偽の経典ということになる。ところが、大乗仏教徒はもちろん、大乗仏教徒から小乗仏教と蔑まれて喧嘩を売られた形の伝統的な仏教徒たちも、「大乗経典は偽ブランド経典である」、裏返して言えば「それらは仏説ではない」という批難を起こさなかった。

【結集】

大乗仏教徒から小乗経典と蔑まれる原始仏教の経典は、《結集《けつじゅう》(8)》と呼ばれる経典編集会議を何度も重ねて、釈尊の教えを忠実に後世に伝えようという精神のもとに出来上がったものである。

たとえば、第一回の結集は次のように行なわれた。当時のマガダ国の首都であった王舎城で行なわれたから「王舎城《おうしゃじょう》結集」とも、五百人の阿羅漢たちが集まったから「五百結集」とも呼ばれる。

釈尊が亡くなったとき、釈尊の高弟の一人であるマハーカッサパ(9)(摩訶迦葉《まかかしょう》)は弟子たちを連れて旅の途中であったので、七日後に初めてこれを知った。このとき、多くの比丘たちは歎き悲しんだが、

ただ一人スバッダという比丘は、ぬけぬけと、
「諸君、そんなに悲しむことはない。釈尊が存命中は、これをしろ、あれはするな、と我々を悩ましたではないか。今や、あの大沙門から自由になれて、かえってよかった」
と言う。

これを聞いたマハーカッサパは、いま釈尊の教えを集め、きちんと確認し合っておかないと、瞬く間に正しい教えが忘れ去られ、乱れてしまうであろうと考えて、釈尊の葬儀を済ませたあと、すぐさま五百人の阿羅漢たちを集めて、経典の編集会議を催した。

この会議は、後半生を釈尊に付き従ったアーナンダ（阿難）が、「釈尊がどこそこにおられた時のことであるが、そのとき釈尊はこのような聴衆に対して、このようなお話をされた」といったことを報告し、出席者のすべてで「うん、そのとおりだ」と互いに確認し合うという形で進められた。したがって、経典の編集会議とは言っても、その時点で文字にされたわけではない。また、経典は「如是我聞《にょぜがもん》(10)」（このように私は聞きました）という言葉で始まるが、この「我」はアーナンダを指すと解釈されている。

このあと教団の中に問題が生じ、何が釈尊の教えかという疑義が生じるたびに、第二回(11)、第三回(12)と結集が持たれ、釈尊の教えを確認し合いながら伝えたものを、釈尊の死後約三百年（あるいは四百年）ほどした紀元前一世紀の初め頃に、スリランカで開かれた第四回(13)目の経典編集会議において、

初めて文字に移された。

このような経緯で成立し、伝えられた原始仏教経典は、これこそが釈尊の正真正銘の教えであると仏教教団によってオーソライズされた経典であったわけである。

こうして原始仏教の経典が文字にされるようになったちょうどそのころから、もう一方では、こうしたオーソライズされた経典とは別に、プロテスタントとでも呼ぶべき革新的な運動が仏教の中に湧き上がり、新しい経典が陸続と生まれることになった。それが大乗仏教の経典である。

【大乗経典】

ところが、大乗仏教徒たちは自ら次のように公言する。大乗経典はこの須弥山世界（14）の外で（この地球の外で）、無数の仏たちが説かれた教えをガンジス河の砂の数ほどの菩薩たちが集まって編集した（『金剛仙論』巻二）とか、大乗経典は数が膨大である上に、小乗仏教徒たちに説いても理解しがたいほど深い教えであるから、結集においては報告されなかった（『大智度論』巻一〇〇）などと。そこで大乗仏教徒たちは、大乗経典は数百年の間、龍宮（15）や南インドの鉄塔（16）の中に秘蔵されていたのを、時機が到来したので取り出された（『華厳探玄記』巻一、『金剛頂義訣』巻上、『教王経開題』）と主張する。要するに大乗仏教徒たちは、彼らの信奉する大乗経典が、釈尊の教えを忠実に伝えようとして行なわれた結集という手続きを踏まずに出来上がった、ということを自覚していた。いやもっと直截に言うと、彼らの持つ大乗経典は歴史上の釈尊の説いたものではないことを公言してはばからなかった。

【大乗仏説論】

あるいは、ある程度の後ろめたさもあってか、主要な大乗経典が成立してからやや後には、大乗経典（17）も仏説であることを証明しようとする努力もなされた（『大乗荘厳経論《だいじょうしょうごんきょうろん》』巻一、『顕揚聖教論《けんようしょうぎょうろん》』巻二〇、『成唯識論』巻三）。

しかしながらその言い分は客観的に見れば噴飯もので、たとえば釈尊は何でもよくお見通しで、釈尊が亡くなったあと、仏教教団の中に一大騒動をまきおこすような偽ブランドの経典が現われるというような事件が起きるなら、ちゃんと予言しておられるはずであるのに、そうした予言がないということは、我々の大乗経典が仏説であるという何よりの証拠であるとか、小乗仏教の経典は声聞という低い覚りを目指すもので、仏の覚りを得るためのものではない。それなのに、釈尊が正真正銘の仏になられたということは、釈尊自身が大乗の覚りをさとられたという証拠で、したがって大乗の教えも釈尊の時代にちゃんと存在したのだ、などと主張している。

このように、大乗仏教徒の中の一部の人々は、庇理屈をこねて自分たちの経典も釈尊が説かれたものであるということを証明しようとしたわけであるが、しかしながらそれは彼らのひがみであって、大乗仏教徒から劣って卑しい教えなどと口汚く罵られた小乗仏教徒たちは、決して大乗仏教を仏説ではない

〈非仏説〉などと批難したことはなかった。明らかにそれらの経典が結集によって編集されたものではなく、したがって歴史上の釈尊の教えをまとめたものではないということを十分に承知していたにもかかわらずに、である。

【仏説の意味】

なぜそうしなかったのであろうか。最大の理由は、小乗仏教と卑しめられた伝統的な仏教徒たちも、「あるがまま」を「あるがまま」に見て、本当の智慧を得たものはすべて仏であるという前提に立っていたからである。だから、もしそのような者が説いた教えなら、立派に「仏説」と言えるからである。

仏教の聖典観

また、小乗仏教徒が狭い了見で、大乗仏教の経典を「仏説ではない」と文句をつけなかったのは、仏教が持つ聖典観とも大きなかかわりを有する。

【言葉の中に真実はない】

伝統的な仏教徒たちは、釈尊の教えを忠実に後の世に残そうと努力したが、しかしながら、その経典が《釈尊の言葉だから尊い》という認識を持っていたわけではなかった。月が真実であるとすれば、言葉は月をさす指にすぎない。『聖書』や『コーラン』は神の言葉、神の子イエス、預言者ムハンマドを通して啓示された神の言葉であるから真実であり、また尊いのであるが、仏教の経典は決して釈尊の言葉であるから尊いのではない。むしろ「陽炎《かげろう》が、偽りに水面がさざめいているように獣を誘うけれども、本当は水はないように、真実は言葉の中にはない」（『入楞伽経《にゅうりょうがきょう》』巻二）とされる。

【自分の言葉で仏教を習え】

原始仏教聖典の中には、教団の中に「それぞれの地方やそれぞれの種族出身の者たちは、それぞれ自分の言葉を使って仏の言葉を汚している。仏の言葉を韻律にかなった美しい言葉に統一してはどうだろう」という意見が生じたとき、釈尊はそれをとどめたばかりではなく、もしそのようなことをした場合は罪と定めて、

「比丘たちよ、それぞれ自分の言葉で仏の言葉を習いなさい（18）」

と教えられたと伝えられている。ラテン語で書かれたキリスト教の聖書が、マルチン・ルターのドイツ語訳（19）として翻訳されるまでに種々の葛藤があったという事情を考えても、仏教のその聖典観が独特のものであったことが分かる。

このように、経典は釈尊の説かれたものであるから尊いのではなく、釈尊の言葉であろうと、ほかの人の言葉であろうと、その中に真実が指し示されているから尊いのである。『大智度論』（巻五七）という

書物が、「経そのものが真実というわけではなく、それは深い井戸から冷たい水を汲み出す綆（つるべなわ）のような道具にしかすぎないのであって、本当に尊いのは、そのつるべによって汲み出される冷たい水である」と言うとおりである。

だから逆に言うなら、冷たい水を汲み出す経ならすべて仏説であって、伝統的な仏教徒たちもこのことを十分に承知していた。だから、大乗経典は仏説ではない、などというヤボなことは言わなかったのであり、大乗経典は大乗経典として、それなりに尊重していたのではないかと思われる。

そもそも仏教の説く真実は、きわめて具体的で個別的な身の周りにある「あるがまま」である。その底に永遠不変のダルマ（理法）としての縁起の法則が流れてはいるが、表面に現われた真実は、時々刻々に変化していく。釈尊在世時代の紀元前五、六世紀のインドと、大乗経典が生まれた紀元前後ごろのインドとは、経済環境も政治状況も異なっており、文化も科学的な知見も飛躍的に進歩していた（第四章138ページ以下参照）。したがって、釈尊時代の比丘たちは、ひっそりと村や町の片隅に庵を建てて、静かな出家生活を楽しみうる環境にあったかもしれないが、大乗仏教の興起するころには、経済的・政治的な発展に伴って、経済的行為にまきこまれ、政治の波に翻弄されざるを得なくなっていたかもしれない。

このように、身の周りの「あるがまま」が変化していくとすれば、自ずからその「あるがまま」を「あるがまま」に見た結果として説かれる教えも変化せざるを得ない。むしろ経典は次々と製作されなければばおかしいのである。もし、外界の「あるがまま」に対応する教えが説き出されないとすれば、それは仏教の死を意味する。

そもそも釈尊の説法は対機説法《たいきせっぽう》(20)を旨とされた。病気を治療しようとすれば、その病状をよく知り、その病状に応じて薬を処方するように、時と場所、説く相手に応じて教えを変えられた。したがって、仏教にドグマはないと言われるのであり、唯一で絶対の経典というものも存在しない。数多くの経典があって当然なのである。

聖典整理の試み

大乗経典は、時代の要求に応じて新しく説かれた経典であり、それは批難されるどころか、仏教が生き生きと働いていたことを物語るものである。こうしてインドでは年月が移り、仏教が亡びる(21)十三世紀の初頭に至るまで、陸続として経典が製作され続けた。

インドの仏教徒たちは、紀元前一世紀ごろに原始経典が文字にされ、紀元後一、二世紀のころには『般若経』や『法華経』『華厳経』「浄土経典」という、今日では初期大乗経典と呼ばれる経が作られ、三、四世紀ごろには『解深密経《げじんみつきょう》』や『勝鬘経《しょうまんぎょう》』『涅槃経』といった中期大乗経典と呼ばれる経が製作されたということを、身近につぶさに見て知っていた。そして、さらに七世紀も終わりごろになって、『大日経』や『金剛頂経』といった密教(22)経典が新しく製作された。それは、ごく自然な流れであった。

ところが、中国において事情が一変する。中国(23)には後漢の桓帝（一四六〜一六七年在位）・霊帝（一六八〜一八九年在位）のころから仏教の経典が輸入され始めたが、原始経典も、そして後に成立した大乗経典も、成立の順序を問わず一緒くたに持ち込まれた。しかも経典は、原始経典も大乗経典も、形式上は釈尊が説かれたことになっているので、中国人はそれらをすべて歴史上の釈尊の説かれたものと鵜呑みにしてしまった。

もっとも、当初の間は中国にも多くのインド人僧侶が移り住んだし、中国人僧侶の中にもそうしたインド人僧侶に触発される者があって、中国という全く新しい条件に合致するような新しい経典を製作するということが行なわれた。ところが、中国はインドと相違して――何しろインドは悠久の歴史を有しながら、これを歴史書として記録することをついぞしなかった大ざっぱな国柄であるが――、歴代の王朝が必ず正史と呼ばれる歴史書を作ったお国柄である。そこで、経典の目録(24)やら、経典の全集（大蔵経《だいぞうきょう》(25)、あるいは一切経《いっさいきょう》(26)と言う）やら、あるいは仏教史やらが陸続として作られることになった。

経典の目録やら全集を作るという段になれば、何らかの整理の基準が必要である。そこで、仏典を大乗と小乗に峻別し、そのそれぞれを経と律と論という三蔵《さんぞう》（27）に分類することが行なわれた。

【大乗と小乗】

ところが、仏教の聖典を大乗と小乗とに峻別するということ自体が、土台無理な発想であって、だいたい大乗仏教とは何かという定義すら明確ではないのである。確かに、小乗を意識して大乗たることを自覚する経典が存在するのは事実であるが、一方では小乗と大乗の区別を意識していない経典も多い。いや、それよりも、大乗仏教とは大乗仏教を自称する仏教徒たちが独断的に、勝手に呼称したものであって、小乗は彼らが敵対する仏教に投げつけた蔑称にすぎない。だから、小乗を名乗る仏教徒が存在したわけではない。大乗という言葉にしたところで、自分たちが勝手に、優れた教えと言っただけのことで、客観的に言えば大乗仏教という呼称さえおかしい。

【大乗律蔵】

また、自称大乗仏教徒たちは、その生活現範としては、いわゆる小乗の律を用いていたから、大乗仏教には律蔵は存在しない。しかし、中国人たちは大乗にも律蔵を配しなければ経・律・論という三蔵の整理はできないから、そこで生活規範に多少とも関連する『優婆塞戒経《うばそくかいきょう》』（28）とか『菩薩地持経《ぼさつじじきょう》』（29）といったものを律蔵《りつぞう》に配当した。しかし、内容をとやかく言うまでもなく、これらは「経」なのであるから、経蔵《きょうぞう》に配当されるべきものであって、決して「律」ではない。

中国仏教は、もともと峻別できないし峻別すべきでもなかった小乗と大乗を必要以上に誇張したし、経に含められる生活規範は自主的に守るべき、いわば倫理・道徳であり、それは「律」と区別して「戒」と把握されなければならないものであるのに、これらを混同するという過ちを犯した。

【戒と律の混同】

以上のことは、それ以降の仏教の色合いを大きく変えてしまったと言っても過言ではない。たとえば、日本の仏教を見よ。日本の仏教には甚だしく戒律の観念が欠如していることは、万人が認めるであろう。それももとはと言えば、法律として罰則規定のあった「律」によって生活が規制されるべきものを、単に道徳にすぎない「戒」と混同することによって、僧侶としての生活規範が実効性のないものとなってしまったからである。

また、現今の仏教は葬式儀礼や呪術的な側面ばかりで、仏教本来の働きを喪失してしまっている。これは、もともと兼修されてしかるべき小乗と大乗が必要以上に峻別されすぎたため、小乗の持つ現実直視を勧め、厳しい修行を求める教えが影を潜めて、すでに仏なのであるから修行なんて必要ない、などという実に能天気な傾向が蔓延してしまったためである。

もっとも、中国仏教にも功績がないわけではない。その一つは、散漫で捉えどころのなかったインド仏教の思想を体系化したことである。『法華経』にしても、『華厳経』や「浄土経典」にしても、それが教学として整理され体系化されたのは、中国においてである。仏教を大乗と小乗に峻別し、聖典をきっちりと三蔵に配当しようとしたのも、その流れの中にある。

ところが、中国仏教はあまりに形式にこだわりすぎて、いつの間にやら、インドにおいて作られた経典は本物で、中国でできた経典は偽物（30）ということにしてしまった。そこで、時と場所と機根に応じて経典が作られるという仏教本来の伝統が崩れ去り、かくして生き生きと、時代や国柄に即して躍動する仏教の力が失われてしまったのである。

【中国撰述経典】

だいたい、インド人が作った《経典》は本物で、中国人・日本人が作った《経典》は偽物というのは、おかしな話である。たとえインド人が作ったものでも、それが歴史上の釈尊が説かれた経典でなければ、それは本物ではないと言うのなら、確かに合理的な判断基準であると言えるのだが、そうではないからである。

大乗仏教経典の特徴

余談になるがすでに書いたように、経典はインドにおいて千年もの歳月を費やして徐々に形成されてきた。それは時と場所と相手に応じて作られたものであるから、これを冷静な目で見れば、それらの間に矛盾があって、それが釈尊一人の説かれたものでないことぐらいは、誰にでもすぐに分かる。たとえば、同じ釈尊が説かれた原始経典を、これまた同じく釈尊が説かれた大乗経典が「捨てられて劣った卑しい教え」（小乗）などと侮辱しているとすれば、どうであろうか。自ら説いた教えを、敵意まるだしで批難するなどということが考えられるであろうか。

【大乗経典の四大特徴】

もともと大乗仏教は、大変にパフォーマンス上手である。常々筆者は冗談まじりに、大乗経典には四大特徴があると言っている。①大乗経典は身元不詳、②大乗経典の釈尊はピエロ、③大乗経典は超合理の世界を説く、④大乗経典は自己宣伝する、ということである。

【大乗経典は身元不詳】

大乗経典は結集という、すべての仏教教団の代表者が集まって催された経典編集会議によって編集されたものではないから、いつ、どこで、誰が、どのように書き表わしたのかということがはっきりしない。要するに、戸籍台帳がない。

【釈尊はピエロ】

また、多くの大乗経典の主役は、阿弥陀如来や毘盧舎那仏《びるしゃなぶつ》、あるいは薬師如来といった仏であり、あるいは観世音菩薩や地蔵菩薩という菩薩たちで、釈尊ではない。釈尊はその舞台回し、すなわちピエロの役割しか与えられていない。もともと大乗経典は歴史上の釈尊が説かれたものではなく、ただ舞台を釈尊当時のインドに借りているにすぎない。

【超合理の世界を説く】

今の日本は、仏教関係の書籍の出版点数は多いし、お寺もなかなか繁昌している。しかし、識者の中には、かえってこうした状況に眉をしかめる人も多い。オカルトとか超能力、あるいは加持祈祷とか護符といった、合理的な世界では解決のつかない、怪しげなものに耳目が集まりすぎているからである。そして実は、こうした超合理的な世界を説き始めたのは大乗仏教であって、初期仏教は実は大変に合理的な宗教であった。加持祈祷《かじきとう》（31）や真言《しんごん》・陀羅尼《だらに》（32）といったものはもちろん、経典の書写や読誦に霊妙な力を認めたのは大乗経典なのである。

【パフォーマンス上手】

そして、大乗経典は大変にパフォーマンス上手であって、『般若経』によれば『般若経』が最も勝れた経となり、小乗経典はもちろん、ほかの大乗経典も一段劣った経とされる。一方、『法華経』によれば『法華経』が最も霊験あらたかな経典なのであって、ほかの経典は取るに足りないということになっている。もし、これら『般若経』や『法華経』を同じ一人の釈尊が説いたものとすれば、やっぱり自分の仕事を自分で否定するようなものであるから理屈に合わない。

あるいは、一つの経典が「すべての衆生は仏性を持っていて、仏になれない者はない」と言うのに、ほかの経典では「いや、数ある衆生の中にはどうしようもなくて、結局、成仏できない者もある」と言うとすれば、どれが釈尊の真意か、ということが問題となるはずである。そこで生じたのが、中国や日本の仏教に特有の《教相判釈《きょうそうはんじゃく》(33)》という思想であった。そもそも仏教を大乗と小乗に峻別しようとしたのもそうであるが、天台宗《てんだいしゅう》の五時八教《ごじはっきょう》(34)、華厳宗の五教十宗(35)などが有名で、日本でも弘法大師空海の十住心(36)、日蓮の五綱判《ごこうはん》(37)などがこれに当たる。それぞれ勝手な理屈をつけて、『法華経』が釈尊の真意であるとか、「浄土経典」こそ釈尊の取って置きの経典なのだ、というような判断をしなければ収拾がつかなかったのである。

多くの経典を客観的に見れば、このような種々の矛盾があるのは当然で、これに遅まきながら最初に気づいたのが、江戸中期の富永仲基(38)という学者であった。彼は『出定後語』という書物を書いて、仏教経典の中には成立の前後があり、中には歴史上の釈尊が説いたものではないものも含まれている、ということを喝破した。ヨーロッパで仏教聖典の文献学的研究が始まったのは十九世紀になってからであるから、仲基の研究はそれより百年近くも早く、画期的なことであった。

当時の伝統的な僧侶たちはこれに反発して、競って経典はすべて仏説であることを論証しようとしたが、実は残念ながら両者とも的外れであると評さざるを得ない。仏教の経典は単に冷たい水を汲む綆（つるべなわ）にすぎないのであって、しかも「あるがまま」を「あるがまま」に見る本当の智慧を得た仏の説いたものはすべて「仏説」であり、それ以上に時と場所に応じて経典は製作されなければならない、それこそが仏教だという、最も重要な視点が欠落しているからである。

『仏説新世紀経』

したがって、極端なことを言えば、二十一世紀の日本には、二十一世紀の日本に相応した『仏説新世紀経』とでも言うべき経典が作られなければならない。しかしながら、今の日本でこういう経典が現れたとしても、仏教学者をはじめすべての仏教者たちは、せせら笑うだけであろう。

二十一世紀の日本の「あるがまま」を、今日の電子望遠鏡や顕微鏡などの如実知見の利器を用いて「あるがまま」に知り、そこから得られた真実についての知識を《経典》として著わすことを、中国・日本の経典観が拒否しているからである。あるいは、今どき仏など現われるものかという絶望感が、仏教者の中にもあるのであろうか。

【末法】

平安時代から鎌倉時代初期の日本仏教界は末法《まっぽう》（39）に入ったということで、戦々恐々としていた。日蓮（40）の五綱判は、『法華経』の教えこそ末法の時代に突入した日本の人々に最も相応した教えであることを訴えたのである。しかし、末法の後には「法滅」の時代が来るとされている。

末法というのは、仏教の歴史観で言えば、正法《しょうぼう》と像法《ぞうほう》に続く時代で、「正法」は仏の教えと、これを実践する人と、これによってさとる人がある時代、「像法」は仏の教えと実践する人はあるが、さとる人がなくなる時代、「末法」は教えだけは残るが、修行する人もさとる人もなくなる時代とされている。そして、この後に「法滅《ほうめつ》」の時代が来て、ついには教えさえもなくなってしまうという。

【法滅尽経】

この法滅の時代を描いた経が『法滅尽経[41]』であるが、これによると、

法が滅しようとする時代には、このようなありさまになるであろう。父を殺し、母を殺すような無法が横行し、魔道が盛んになる。悪魔が沙門となって仏法を乱し、五色の袈裟をつけ、酒を飲み、肉を食らい、お互いに慈しみも憐れみも持たない。たまたま貧を憐れみ、老いをいたわり、己を無にして人々のために尽くす人が現われると、悪魔の比丘たちは逆にこれを誹謗して、揚げ足を取って教団から追い出してしまう。

無法者が比丘・比丘尼となって、男女の区別もなく、邪淫はほしいまま、戒律には従わない。経を読んでも意味内容を知らない。それでいながら名誉を求め、世間に名を知られて、ちやほやされたいと願う。

一般世間では、女性が精進して功徳をなし、男性は怠けて仏法に関心がない。このようなときには神々が悲しんで雨を降らせないので、穀物は実らず、疫病が流行して死ぬ者が多くなる。お役人も道理をわきまえないから、人々の苦しみを見てかえって喜んでいる。悪人は浜の真砂のごとく増え、善人はいても一人二人。そして突然、大水が襲ってきて世界は滅びる。

などとされている。

【法滅はいつか】

日本では、末法に入ったのは、永承七年（一〇五二）とされている。一説によれば、末法は千年続き、これが終わると法滅の時代になるとされるから、これに従えば法滅の時代に突入するのは二〇五二年ということになる。日本の学界では、釈尊が亡くなった「仏滅年(42)」は紀元前三八三年、あるいは四八五年とされることが多い。紀元前四八五年説を採用して、正法は五百年、像法は千年、末法も千年だとすると、これでは二〇一五年に法滅の時代に入るということになる。そうすると、法滅の時代はもう間近に迫っている。なるほど『仏説新世紀経』が現われないのも当然と言うべきであろうか。

【悉皆成仏】

以上のように、仏教における仏は決して一人ではない。いや、この地上の生きとし生けるものすべてが仏となることを、仏教は目的としている。したがって、仏教の経典は今から二千五百年ほど前にインドに生まれた釈尊という仏が説かれたものであるからということだけで尊いのではない。釈尊であろうと、ほかの仏であろうと、あるいは親鸞であろうと、日蓮であろうと道元であろうと、その説かれたものの中に、真実や真実に至る道が説き示されていれば尊い。

もしそうでなければ、世の中には小乗仏教のみがあって、大乗仏教も存在しなかったであろうし、中国仏教や日本仏教もなかったはずである。親鸞や日蓮の思想は、必ずしも経典を忠実に祖述することだけで成り立っているのではないからである。ここに、キリスト教やイスラム教の神観念や聖典観との最も大きな違いがあると言うことができる。

【仏という人】

それでは、「あるがまま」の真実を「あるがまま」に見た一切智者なる仏というのは、どのような人なのであろうか。次に、この点について見てみよう。

釈尊の亡くなる間際の様子を描いた原始経典の『涅槃経』においては、釈尊は侍者のアーナンダ（阿難）に、

「今、私は老い衰えて老人となり、年齢は八十歳になった。アーナンダよ、あたかも古くなった車が革ひもの助けによって行くように、私の身体も革ひもの助けによって行かなければならない」

と嘆いており、そののち鍛冶屋の子チュンダ（准陀）の差し上げたスーカラ・マッダヴァ[43]という食物にあたったのであろうか、

重い病にかかり、赤い血がほとばしり出て、死ぬほどの苦しみが生じた。

とされている。そして、これがとうとう命取りとなって、釈尊は入滅[44]された。

原始仏教では、人間観においても現実面に視点を置いて、その苦しみや無常・無我である姿を強調したのであったが、仏陀観においても、たとえ釈尊であろうと八十歳ともなれば体力も衰え、病気にも冒されやすく、

諸仏は金剛（ダイヤモンド）の体であるといっても、みな無常に帰す。速やかに滅すること、少雪のまたたく間に融《と》けるがごときである（『長阿含経《じょうあごんきょう》』巻四）。

というように捉えていた。

【永遠の仏】

ところが、同じ『涅槃経』でも大乗のそれとなると、

如来は常住にして変化しない。如来の肉体は、ただ衆生を教化するために形を現わしているのであ

って、通常の人のように食事によって養われ、老い、病気するようなものではない。衆生を度せんがために身体を捨てて涅槃するのである（巻三）。

ということになる。

この大乗の『涅槃経』は、先に述べたように、如来は無常・苦・無我・不浄ではなく、常であり、楽であり、我であり、浄であるということをテーマとする。このように大乗の『涅槃経』は、仏は永遠であって、生老病死を超越していると言う。

これは、決してひとり大乗『涅槃経』のみの説くところではなく、大乗仏教の等しく取る立場である。たとえば『法華経』の釈尊は《久遠実成の仏[45]》とされ、「浄土経典」はその仏を《無量寿仏[46]》（無限の生命を持つ仏）と呼ぶ。また『金光明経《こんこうみょうきょう》』（巻四）は、「たとえ海の水の水滴の数を知ることができるとしても、釈迦仏の寿命を知ることはできない。須弥山《しゅみせん》を砕き芥子粒のようにして、その数を知ることができるとしても、釈迦仏の寿命を算えることは不可能である。たとえ天空を量り、その果てを知ることができるとしても、よく釈迦仏の寿命を量ることはできない」と言う。

このように、大乗経典における仏はむしろ永遠絶対であって、超人的な存在として描かれている。また、大乗経典における仏たちは神々しく光り輝いて、空中を駆け、地に潜み、眼の前に大きな城を現わすかと思えば、芥子粒の中に全世界を見せしめるといった大神変を現わす者としても描かれている。また、仏の国や仏の境地も積極的に描かれる傾向がある。西方には阿弥陀仏の極楽浄土《ごくらくじょうど》(47)、東方には阿閦仏《あしゅくぶつ》の妙喜世界《みょうきせかい》(48)や薬師如来の浄瑠璃世界《じょうるりせかい》(49)、南方には観世音菩薩の普陀落山《ふだらくせん》(50)があり、また弥勒菩薩《みろくぼさつ》の兜率天《とそつてん》(51)といった理想的な世界が積極的に描写され、人々を誘っている。まさしく、浄土に生まれ往くことをあこがれさせた（欣求浄土）。

ところが、初期仏教においては仏といえども人間的なものとして捉えられ、その境地も何ら積極的に説明されることはなかった。「あるがまま」を「あるがまま」に見て智慧を得た者も、この輪廻の輪から解脱して、再びこの世に生まれることがない、などと表現されるのが関の山であった。仏の境涯は《滅》とか《解脱》とか、あるいは火が吹き消されたことを意味する《涅槃》といった言葉で表現されるのであって、いわば衆生の苦しみや悩みがなくなったという、現実の否定態として消極的にしか表現されなかった。

もちろん、初期仏教における仏も現実的に捉えられているとはいえ、単なるただの人ではない。神通力《じんずうりき》(52)を持った者と考えられてはいた。たとえば、他人の心中を読み取ることができる他心通《たしんつう》とか、自分や他人の過去世のあり方を知ることができる宿命通《しゅくみょうつう》というものがそれである。

【神通力】

しかしながら、それが超人的で不可思議なように思われるのは、こちらが凡庸であるからであって、実はそれらは「あるがまま」を「あるがまま」に知ることができれば、何でもないことなのである。「あるがまま」を「あるがまま」に見ることができる人であれば、いま眼の前にいる人が、どのような生い立ちを持って、どのように生きてきたか、その人がいま何を考えているのかを知ることぐらいは朝飯前であろう。人の一生は、顔や身体や物腰、態度に現われるのであって、それ故「四十越えたら自分の顔に責任を持て」などと言われるのであるから、その眼さえ備わっていれば、他心通や宿命通などは何ら不思議ではない。確かにガンジス河を空を飛んで渡ったり、天の世界に一瞬にして行って戻ってくるというような奇跡も描かれていないではないが、それは後に神話的なものが入り込んだのであって、大枠においては、初期仏教の仏の神通力は、合理的な思考の範囲、納得される範囲にとどまっていたと言えるであろう。「神通」の原語は、abhijñā（アビジュニャー）で、これは智慧を意味する。神通力は、智慧に必然的に伴う働きと理解されていたのであって、決して魔法的な力を言うものではない。ところが大乗仏教は、これを神話的なところにまで誇大に表現し、霊妙な世界に人々を誘おうとした。

ついでに「無我」についても触れておいたほうがよいであろう。「無我」を字義どおりに解釈すると「我がない」ということになり、私たちには「自我」というものが存在しないと誤解されがちである。もっとも「自我」の定義も必要であるが、これを「私が私として、責任を持って行為するところの主体」とでもするとすれば、仏教もこういうものが存在しないと否定するわけはない。原始仏教が「無我」と言ったのは、迷いの衆生の持つ「自我」は、生老病死を自由自在にコントロールできない、いや感情や行動さえコントロールできないと言ったのである。

【大我】

しかし大乗仏教では、仏には「我」があると言う。それは、仏は生老病死も、感情や行動も自由にコントロールできる、衆生の救済も思いのまま、ということを表わす。そこでこれを「大我(53)」と呼ぶことがある。こういう意味においては、決して初期仏教と大乗仏教が異なっていたわけではない。初期仏教では、衆生が主題であったから、仏の「大我」には言及されなかっただけのことである。

しかし、仏の描かれ方には、初期仏教と大乗仏教において大きな差異のあることは否定し得ない。これはどこから来るものであろうか。ここでも、現実に足場を置いた初期仏教と、覚りの側に足場を置く大乗仏教との視点の差が然らしめていることが予想されるが、これは世界観の範疇であるので、このことについては後(第四章)に譲ることとする。

菩　薩

【三乗】

大乗仏教には、仏のほかにも見落とすことのできない聖者がいる。それが菩薩である。仏教には三つの覚りがあると考えられており、それぞれの覚りを得るための教えを「三乗《さんじょう》」と言う。一つは阿羅漢の覚りであり、二つは縁覚《えんがく》の覚り、三つめは仏の覚りである。この三つめの覚りである、仏の覚りを得ようとして修行する人を菩薩と言う。

【声聞乗】

先に述べたように、初期仏教においては、仏もその弟子たちも、ともに覚りを得た者は阿羅漢と称され区別されなかったが、後の阿毘達磨仏教に至ると、仏の覚りと、仏の教えに導かれて覚りに達する者との間に区別が設けられ、後者を特に阿羅漢と称するようになった。この場合の阿羅漢は仏の教えを聞いてさとる弟子たちであるから、これを「声聞」と言い、こうした教えを声聞乗《しょうもんじょう》と称する。

【縁覚乗】

これに対して、縁覚は独覚《どっかく》とも称され、もともと「各自に独力で覚った者」の意で、仏の教えによらないという点で声聞と区別される。しかし、また「独りで覚りを楽しみ、他を教えさとすことをしない」という性格をも有するため仏とも区別され、このような人の生き方を縁覚乗（独覚乗）と称して、三乗の一つに数えられた。

【仏乗】

大乗という言葉は、文字どおり「大きな乗り物」を意味し、小乗は「小さな乗り物」の意であるが、先の三乗という概念に当てはめると、仏乗（菩薩乗）が大乗に当たり、この大乗の教えを信奉する者たちによって、声聞乗と縁覚乗が小乗（劣った卑しい教え）と蔑まれた。

それはなぜかと言えば、つまるところ、覚りに対するその考え方が違っていたからにほかならない。すなわち、小乗（54）仏教たる阿羅漢や縁覚の覚りは、覚りを「滅」とか「解脱」、あるいは火の吹き消された状態を表わす「涅槃」という言葉で表現したように、現実の苦しみが滅し、再びこの生存世界には戻ってこないというような、極めて消極的で非活動的なものと捉えられていた。したがって、これではたとえ覚りを得たとしても、自らの覚りを楽しむのが精一杯で、人々の救済に力を揮うことなど望むべくもない。そこで、小乗の覚りは、自分本意の極めてエゴイスティックな小さな覚りだと決めつけられた。

これに対し大乗（55）仏教の仏の覚りは、菩薩という理想的な人格に象徴されている。この菩薩は自分の覚りよりも他人の覚りを先とし、自らの覚りに安住しないで（無住処涅槃《むじゅうしょねはん》（56））、人々の救済活動を専らとするような者として性格づけられた。

【三乗を表わす比喩】

三乗については次のような比喩がある。たとえば三人の者が悪道を渡ろうとするとき、声聞は夜陰にまぎれて独り脱するようなもの、縁覚は銭を払って逃れるようなもの、菩薩（仏）は大王のように大軍を将《ひき》いて賊をこらしめ他のすべての人々も通らせる（『大智度論』巻五一）。

ついでに、大乗と小乗の比喩も紹介しておこう。小乗は一銭を乞うように小さな覚りで満足し、菩薩は百千の財を乞うて無数の貧窮者を潤すように大きな覚りを求める（『大宝積経《だいほうしゃくきょう》』(57)巻九九）。小乗はただ自らの病を治すだけの小医師であって、菩薩は多くの人々を治療する大医師である（『大宝積経』巻九九）。小乗の覚りは蛍の光のようであるが、菩薩の覚りは日光が全世界を遍く照らして衆生に恩恵を与える（『大宝積経』巻九九）。小乗の覚りは昼灯の如きもので用をなさない（『大智度論』巻二七）。

あるいは、小乗も大乗も覚りという意味では同じであるにもかかわらず、その働きが大きく異なるとして、次のような比喩も示される。灯光そのものに違いはないにもかかわらず、金の器にそれを灯せば黄色い光を発し、銅の器ならば赤い光を呈するようなものであるとか、大海の水は一味で、この中には多くの宝が蔵されているにもかかわらず、小乗は下価なる宝を得て満足し、仏は無価（値段の付けられないほど高価）の宝を得るが如きであるとか、同じ糸を使いながら小乗はつまらない布を織り、仏はすばらしい布を織り上げるようなもの（『大集経《だいじっきょう》』(58)巻一三）と言う。

もちろん、以上のような比喩は大乗仏教の側からの三乗観や大乗・小乗観であって、決して客観的な評価とするわけにはいかない。特に『法華経』(59)は、仏教には本当は仏となるという「仏乗」しかないのであって、三乗に分けたのは「一仏乗」に導き入れるための手だて（方便）にすぎないと主張した。これを「、一乗《いちじょう》(60)」思想と言う。

このように書いてくると、菩薩や仏は大乗仏教だけに登場する聖者で、小乗仏教とは全く縁のないものという誤解が生じるかもしれない。ところが、実は決してそうではない。小乗と蔑まれた仏教においても、仏はもちろん菩薩も存在したし、私たちが菩薩や仏になれないとされたわけでもなかった。そこで、次に菩薩について少しく説明してみよう。

【菩薩】

先に、菩薩は「覚りを求める衆生（人）」を意味し、広い意味では、すべての人が「あるがまま」を「あるがまま」に知見する力を秘めており、覚りを得て仏となりうる可能性を有するのであるから、仏道に入って修行する人はすべて《菩薩》であると書いた。

しかし、実際にはもう少し限定されて用いられることが多く、初期仏教では仏となることが確定した人、すなわち成仏する前の釈尊を指すのが常であったし、すでにあらかたの修行が完成して釈尊の次に仏となることが確定している弥勒菩薩(61)なども考えられていた。

これに対して、大乗仏教でも観世音菩薩（62）や地蔵菩薩、あるいは文殊菩薩《もんじゅぼさつ》や普賢菩薩《ふげんぼさつ》など、その数は多くなったが、菩薩が固有名詞を伴って考えられる時には、やはり修行が完成に近づいて仏となる前の状態にある人、あるいはすでに修行を完成させたにもかかわらず、人々を救済するために自ら仏となることを保留している人などを言う場合が多い。

【菩薩の定義】

このように、菩薩を固有名詞のついた菩薩に限定してみると、初期仏教と大乗仏教の間にそれほどの違いはない。仏教学的に菩薩を定義すると、

①　衆生を救済するために無上正等覚心《むじょうしょうとうがくしん》（63）を起こし、
②　三阿僧祇劫《あそうぎこう》のあいだ六波羅蜜《ろくはらみつ》（64）を修し、
③　その間、地獄や餓鬼・畜生ともなって彼らを救い取り、
④　その後、百劫のあいだ三十二相を得るための修行に励み、
⑤　この世に生まれる前に兜率天に住して、
⑥　最後身の菩薩として入胎・住胎・出胎し、
⑦　菩提樹下で覚りを開き成仏する。

ということになる。

衆生を救済するために無上正等覚心を起こすというのは、要するに発菩提心《ほつぼだいしん》（65）することであって、端的に言えば、すべて生きとし生けるものを救い取りたいと願い、最高の仏の覚りを得るまで修行をやめないぞと誓うことである。

すべての菩薩はこうした誓いを立てるのであり、これを本願《ほんがん》（66）と言う。最も有名なのは、後にこの本願が実現して阿弥陀仏となった法蔵菩薩《ほうぞうぼさつ》の四十八願《しじゅうはちがん》である。このほか薬師仏の十二大願や釈迦仏の五百大願などがあり、これらを別願と言う。これに対してすべての菩薩に共通する誓願の最大公約数的なものを総願と言い、それが四弘誓願《しぐせいがん》（67）、すなわち

衆生無辺誓願度　すべての生きとし生けるものを救い取らずにおかないという誓い
煩悩無量誓願断　すべての煩悩を断ぜずにはおかないという誓い
法門無尽誓願学　すべての教えを学び取らずにはおかないという誓い
仏道無上誓願成　この上ない仏の覚りを実現しないではおかないという誓い

という誓いである。

また、三阿僧祇劫（68）のあいだ六波羅蜜を修すという中の阿僧祇とは「無数」という意味の数の単位で、一〇の五二乗（10^{52}）とされる。また劫とは先に説明したように、鉄の城に満たした芥子粒や大きな石の山の磨滅といった比喩で語られる。要するに、とてつもなく長い天文学的な年月を言う。劫そのも

のが気の遠くなるような長い時間を表わすのに、さらにその単位が三阿僧祇というのであるから、まさに天文学的な数字をもってしても語り得ないような、途方もなく長い年月ということになる。菩薩はこのような長い年月のあいだ、地獄や餓鬼・畜生、あるいは人・天を救うために布施とか持戒・忍辱《にんにく》（耐え忍ぶこと）・精進・禅定・智慧といった六つの波羅蜜行という修行を積む。

波羅蜜（69）は「成就」「完成」という意味であるが、中国・チベットでは伝統的に「彼岸（覚り）に到ること」の意味に取り、「到彼岸」あるいは「度」と訳してきた。そして、この最初が布施波羅蜜であるように、これらの修行徳目の完成は一切衆生の利益のためであることを象徴的に示している。また、その最後の般若波羅蜜は智慧の完成という意味であり、六つを統轄するものであるとされる。比喩には、般若波羅蜜を大地に、ほかの五つの波羅蜜を種子に喩えて、「大地は種子の生長のよりどころとなり、種子は大地の中から生じるが如し」（『大般若経』巻一二六、『大明度経』巻二、『大智度論』巻五八）と言う。

【相好】

この三阿僧祇劫にもわたる長い修行を完成させて、菩薩は仏としての姿形を整えるための修行に入るとされる。これが「相好《そうごう》をくずす」などと一般にも用いられる相好であって、三十二の大きな特徴（相）と八十種の付随的な特徴（好）から成る。仏像の眉間にある白毫相《びゃくごうそう》とか、頭のてっぺんにある瘤《こぶ》のような肉髻相《にくけいそう》、渦巻のような髪の毛の螺髪相《らほっそう》といったものがこれである。

このために、さらに百劫を費やして（釈尊は弥勒菩薩と修行者仲間であり、いっしょに修行に励んでいたのであるが、格別に尊い行為のお陰で、弥勒菩薩より九劫早く仏となった。弥勒菩薩は釈尊よりも五十六億七千万年（70）後に成仏するとされるが、これが九劫に相当するとすれば、一劫は六億三千万年になる）、いよいよ次に生まれ変わった時には仏となるという状態を一生補処《いっしょうふしょ》の菩薩と言い、この時には兜率天（71）（都史多天）という天界に住する。

【菩提樹】

こうして最後に、この人間世界に降りて来て母親の胎内に入り、そこに住し、出胎（誕生）して、菩提樹下において覚りを開くことになる。釈尊はピッパラ樹（72）（アシュヴァッタ樹とも呼ぶ）の下で覚りを開いたので、この樹を菩提樹と言っているが、以上の修行はどんな菩薩でも等しく踏み行なうことになっているから、それぞれの仏にはそれぞれの菩提樹がある。因みに、弥勒菩薩は五十六億七千万年のちにこの世に生まれて、龍華樹《りゅうげじゅ》（73）の下で成仏するので、弥勒仏の菩提樹は龍華樹である。

このように、菩薩と呼ばれる人は、衆生を救い、自ら仏となるために、長い長い期間、それこそ想像を絶するように長い期間、厳しい修行を積み重ねなければならないとされる。これを私たち衆生の立場に立って、「さあ皆さん、いっしょに発菩提心して、菩薩としてのスタートを切りましょう」と言っても、本気になって「さあ、やるぞ」と言う人は、この地球上広しといえどもおそらく一人もいないに違いない。要するに、私たち凡夫の側に立って菩薩の発菩提心を考え、成仏を目指すということは、まずあり得ないほど難しい。そこで、衆生の側に立って向上的に覚りを考えた初期仏教徒たちは、声聞や縁覚の覚りで満足せざるを得なかったのである。

大乗仏教のものの見方

ところが、大乗仏教は覚りの側からものを見る。そうすると、この長い長い三阿僧祇劫という、永遠に近い年月はすでに通り越して、ゴールは近いということになる。私たちは、生まれてくる前の世を誰も覚えていないように、通り過ぎてきた長い年月も覚えていない。しかし、本当はすでに無数劫を経過してきているかもしれない。遙か彼方の雪に白く輝く高峰を麓から仰ぎ見て、前途多難であることに思いをいたす立場と、すでに頂上を征服して下を眺めおろす立場との違いである。

北宋の詩人である蘇東坡《そとうば》(74)の作にかかると伝えられる詩に、

到得帰来無別事（到り得て帰り来たれば別事なし）

廬山烟雨浙江潮（廬山の烟雨、浙江の潮）

がある。中国の名勝地として知られる廬山《ろざん》や浙江《せっこう》に、はるばると訪ね来るまでは、あれやこれやとさまざまな思いにふけったものであるが、来てみればどうということもない、ただ廬山は霧雨にけむり、浙江には満々と水が湛えられているのみ、という意味である。ところが、この詩は仏教の覚りを最も端的に表現したものとして、禅家の書などにしばしば使われる。「花は紅、柳は緑」もこの詩になぞらえたものであり、要するに覚りに至る前には、覚りは途方もない彼方にあるものであって、それを得ることは大変な難事業であると思われていたのに、いったんさとってみると、「何だこんなものか。身の周りにある、ありふれた何の変哲もないことであったのか」と気づくということを表わす。

【一即多、多即一】

一即多、多即一（75）という世界観を持つ大乗仏教であるから、実は三阿僧祇劫も一瞬ということになる。いや、三阿僧祇劫やら一瞬やらと、数字にとらわれること自体を否定するのが大乗仏教なのである。『維摩経《ゆいまきょう》』（76）（『維摩詰所説経』巻中）の中には、この世界の中心をなす広大なスメール山が小さくなったわけでもないのに芥子粒の中に入り、四つの大海の水がそのまま一つの毛孔の中に入って、しかも魚も亀も鰐も蝦蟇《がま》もその生命を奪われるわけでもなく、自分たちがどこへ入れられたのかさえも気づかない、といった不思議な世界が描かれている。まさしく、これが大乗仏教の世界観である。次章で説明するように、大乗仏教は一切の法は無自性・空と説くから、阿僧祇劫は阿僧祇劫であってしかも一瞬であり、また一瞬であってしかも阿僧祇劫である。

しかしながら、あくまでもこれは覚りの立場、仏の側に立った世界観であって、決して凡夫の立場に立ったものではないことを、しっかりと認識しておく必要があるだろう。したがって安易にこれを振り回すべきではない。

たとえば、大乗仏教の世界観からすると、まさしく煩悩即菩提、娑婆即寂光土となるのであるが、これを凡夫の立場から文字どおりに受け取ると、「私はすでに仏であり、何をしても許される」ということになってしまいかねない。煩悩即菩提も、三阿僧祇劫即一瞬も、私たちの現実を超絶した仏としての世界を濾過《ろか》したものとして見ないと、大変危険なものとなってしまいかねないのである。

【向上】

菩薩も、衆生の側から向上(77)的に見ると途方もなく偉大な超人であって、したがって現実主義者であった初期の仏教徒たちは、菩薩はとりあえず釈迦如来の成仏前の姿で、自分たちとは縁のないものとして捉えざるを得なかった。しかしながら、大乗仏教は覚りの側から菩薩を捉えたから、菩薩は覚りを求める衆生というよりは、むしろ向下的に、一切の衆生を救い取る救済者としての姿のほうが強調され、すべての衆生はすべからく菩薩でなければならないとしたのである。

【菩薩を表わす比喩】

王子はまだ王ではないが、しかし王という名がないわけではないように、菩薩もまだ仏と名づけることはできないが、といって仏と異なるわけではない。王子はまだ王ではないからすべての権力を握っているわけではないが、といって王相を具えていて、決して臣下と同じというわけではない（『大集経《だいじっきょう》』巻九、『八十華厳』巻七八、『無量義経《むりょうぎきょう》』(78)）といった比喩を参照されたい。あるいは、大龍の尾は海にあり、頭は天にあって雨を降らすように、菩薩の心は覚りにあって、その行動においては決して衆生を離れない（『大智度論』巻二七）ともされている。

いわば、菩薩は仏と衆生の間に立って、衆生を教え導く役目を自ら買って出たのであって、「船頭がいつも河の流れの真中にあって、こちらの岸（迷いの世界）とあちらの岸（覚りの世界）を行ったり来たりして休みがないように」（『八十華厳』(79) 巻七三）、「菩薩は迷いと覚りの中間に止まって、すべての衆生を向こう岸に送り届けるまでは岸に上がらない」とされる。いやむしろ、「海という語がすべての河の水を収め取るからその名を得たように（海のサンスクリット語は sam-udra であって、udra は水を意味し、水を持つものの意である）、菩薩も一切の衆生を救い取らずにはおかないという願を起こしたから菩薩という名が付けられたのである」とされ（『八十華厳』巻四三）、衆生を救済することこそが菩薩の菩薩たる所以であるともされている。時には、「菩薩は僮僕応代（召使いや家来）のように、衆生の言うままに奉仕する者である」とさえも言われる（『菩薩学論』巻九）。

【十八不共仏法】

先に述べた菩薩の気の遠くなるような期間の修行は、決して自分のためではない。覚りの境地は阿羅漢も仏も異なりがないとされるから、それは一切衆生を思いのままに救済する力を備えるための修行であったのである。こうした力には十八種あるから、これを十八不共仏法《ふぐうぶっぽう》（80）と言う。

したがって、衆生の側に立って向上的に自らの覚りを目指す声聞や縁覚（二乗、小乗）と、覚りから向下的に衆生を救済する菩薩（大乗）とは、大きな相違が生じざるを得なかった。そういう意味では、もともと阿羅漢や縁覚と、大乗の言う菩薩とは次元を異にしているのであって、これを同一平面上において比較しようということ自体が無理なのであり、この無理を承知の上で、大乗仏教は大乗仏教の勝れた所以を強調するために、菩薩を主役に仕立てたのである。

大乗経典の中には、「仏は満月のように円満に完成して欠けるところがないが、それでも月のない真っ暗闇の新月を過ごして不便極まりなかった人々にとっては、たとえ三日月であろうとも、その光が待たれることは満月を超える」と表現し、ある意味では菩薩のほうが仏よりも勝れているというニュアンスをもって語る比喩も生まれている（『大宝積経』巻一一二）。

（1）**『大品般若経』**　「般若経」にはいくつもあり、分量の小さいものから大きいものへと発展したと考えられている。鳩摩羅什訳『大品般若経』は、同じく鳩摩羅什訳の『小品般若経』に対し、後者はサンスクリット語の『八千頌般若』、前者は『一万八千頌般若』もしくは『二万五千頌般若』に相当する。

（2）**神**　仏教にも「天」と呼ばれる神が登場する。たとえば帝釈天・梵天・弁財天などである。これらはバラモン教から取り入れられたものであって、五道（六道）の一つとしてそこに生まれたり、そこから堕ちて地獄に生まれ変わったりする。決して世界を創造するような神ではない。

（3）**諸仏通誡の偈**　七仏通誡の偈とも呼ばれる。もろもろの仏が共通して説かれた教えという意味。「七仏」は釈迦牟尼仏とそれ以前に現われた六人の仏を指す。

（4）**諸仏最勝の教え**　パーリ語で’buddhānaṃ sāmuk-kaṃsikā dhammadesanā’。

（5）**古い道**　「諸仏の追究した（sammāsambuddhehi anuyāta）古い道（purāṇa-magga）、古いまっすぐな径（purāṇañjasa）＝八正道＝をたどって諸仏は縁起をさとられた」（取意）とされる。

（6）**阿羅漢**　’arhat’の主格’arhan’を音写した語。「世の尊敬を受けるに値する人」「供養を受けるにふさわしい人」という意味で、「応供」と意訳される。

（7）**如来の十号**　①阿羅漢、②正遍知、③明行足、④善逝、⑤世間解、⑥無上士、⑦調御丈夫、⑧天人師、⑨仏、⑩世尊、を言う。

（8）**結集**　'saṅgaha','saṅ-gīti'の訳語。前者は「共に集まること」、後者は「共に歌うこと」を意味する。仏弟子たちが集まって、釈尊の教えを共に確認し合う会議を言う。

（9）**マハーカッサパ**　パーリ語で'Mahākassapa'、サンスクリット語では'Mahākāśyapa'。釈尊滅後の教団のリーダーであったと考えられる。

（10）**如是我聞**　たとえば『法華経』は「如是我聞。一時仏住王舎城耆闍崛山中、与大比丘衆万二千人倶」で始まっている。

（11）**第二結集**　釈尊滅後百年ほど後、ヴァイシャーリーで七百人の比丘たちが集まった。

（12）**第三結集**　南方伝承によれば、釈尊滅後二三五年ほどして、マウリヤ王朝のアショーカ王の時代に、パータリプトラで、千人の比丘たちが集まった。北方伝承はこれを認めない。クシャーナ王朝のカニシュカ王のとき（紀元二世紀半ば）、カシュミールにおいて五百人の阿羅漢を集めて『大毘婆沙論』を編集した会議を「北伝の第三結集」と呼ぶこともある。

（13）**第四結集**　ヴァッタガーマニ・アバヤ王のときに、スリランカのアヌラーダプラで行なわれた。

（14）**須弥山世界**　第五章「共業」参照。

（15）**龍宮**　『華厳経』は、この経が説かれて六百年の後に、龍樹によって龍宮からこの世界にもたらされたとされる。

(16) **南インドの鉄塔**　「南天の鉄塔」と言う。『金剛頂経』は南天竺の鉄塔の中に、仏滅後数百年のあいだ蔵されていた、とされる。

(17) **大乗仏説論**　大乗仏典は仏説ではないとする「大乗非仏説論」に対する語。

(18) **自分の言葉で仏教を習え**　『パーリ律蔵』の「小事犍度」、『五分律』の「雑法」の中の言葉。

(19) **ドイツ語訳聖書**　中世のカトリック教会は各国語による翻訳を認めなかったが、Martin Luther（一四八三〜一五四六）による旧約・新約の原語（旧約はヘブライ語、新約はギリシア語）からのドイツ語訳以来、プロテスタント各国では自国語で訳されるようになった。

(20) **対機説法**　衆生の素質・能力を「機根」と言う。この機根に応じて法を説くこと。

(21) **仏教滅亡**　インドにおいて仏教は、一二〇三年にビハール州にあったヴィクラマシラー寺院が、イスラム教徒によって破壊されたことをもって滅亡したとされる。しかし実際は、仏教がヒンドゥー教と習合することによって、そのアイデンティティーを失ったとするほうが正しい。

(22) **密教**　「秘密教」の略称。「顕教」に対する言葉。日本では真言宗や台密（天台宗の中に含まれる密教的要素）の教えを言う。

(23) **中国への仏教の移入**　安世高《あんせいこう》や支婁迦讖《しるかせん》が『四諦経』や『道行般若経』などを訳したことに始まる。前者は原始経典、後者は大乗経典である。

（24）**経典目録**　現存する最も古い経典目録は、梁の僧祐《そうゆう》が五一五年に編集した『出三蔵記集』であるが、ここには前秦の道安が三六四年に編集した『綜理衆経目録』が引用されている。
（25）**大蔵経**　初めは写本の集成であったが、宋時代から木版の大蔵経が刊行されることになった。その最初が九七一年から彫造され始めた「北宋勅版大蔵経」（俗に蜀版と言う）である。
（26）**一切経**　大蔵経の異名。
（27）**三蔵**　経蔵・律蔵・論蔵を言う。経蔵は仏の教えのうちで人の生き方に関わる教え、律蔵は出家者の生活規則と僧伽の運営法に関わる教えを集めたもの。論蔵は、経蔵を研究・解釈したもの。中国では、これら三蔵を中国にもたらし翻訳した僧を「三蔵法師」と呼ぶ。
（28）**『優婆塞戒経』**　『善生経』とも言う。善生長者のために在家信者の守るべき戒を説いたもの。
（29）**『菩薩地持経』**　『瑜伽師地論』中の「菩薩地」や『菩薩善戒経』に相応する。大乗菩薩の戒としての三聚浄戒（摂律儀戒・摂善法戒・摂衆生戒）が説かれる。
（30）**偽物**　これを「偽経」と呼ぶ。また「疑経」という言葉もあり、これは偽経ではないかと疑われている経典を言う。
（31）**加持祈禱**　仏・菩薩が慈悲の力で衆生を護ること。祈禱はその力を願い求めて祈るという意にも用いられる。

（32）**真言・陀羅尼**　真言も陀羅尼も仏・菩薩の働きを表わす呪文を言う。真言は，mantra，の訳語で短い呪文、陀羅尼は，dhāraṇī，の音写語で比較的長い句。

（33）**教相判釈**　略して「教判」と言う。仏教には数多くの経典や教えがあるので、その説かれた順序や形式・内容など、さまざまな事柄を基準として価値判断することを言う。中国や日本の宗派はこれに基づいて形成された。

（34）**五時八教**　五時＝華厳時・鹿苑時・方等時・般若時・法華涅槃時、化儀の四教＝頓教・漸教・秘密教・不定教、化法の四教＝三蔵教・通教・別教・円教を言い、『法華経』が最もすぐれているとした。

（35）**五教十宗**　五教＝小乗教・大乗始教・大乗終教・頓教・円教、十宗（省略）を言い、『華厳経』が最もすぐれているとした。

（36）**十住心**　心のあり方を、異生羝羊心から秘密荘厳心までの十種に分類し、第十を真言宗の立場とした。

（37）**五綱判**　教えは、教・機・時・国・序の五つの判断基準によって判断されるべきであって、『法華経』が最もすぐれているとした。

（38）**富永仲基**　「ちゅうき」とも「なかもと」とも読む。一七一五〜四六年。ほかに『翁の文』という著作がある。

（39）**末法**　正法・像法を併せて三時と言う。日本では仏滅を周の穆王五三年（紀元前九四九）と考え、正法が千年、像法が千年続いた後の、永承七年（一〇五二）に末法に入るとした。

（40）**日蓮**　一二二二～八二年。五綱判は『顕謗法鈔』や『聖愚問答鈔』に説かれている。

（41）**法滅尽経**　訳者名は伝わらないが、五世紀中ごろの翻訳と考えられる。したがって、インドでは四世紀ごろに作られたものと思われる。

（42）**仏滅年**　マウリヤ王朝第三代の王であるアショーカ王の即位を紀元前二六八年と見て、仏滅からこの年まで何年経過しているかをもとに計算される。中国やチベットに伝わった北方伝承（『異部宗輪論』）によると一一六年で、268+116−1=383となる。スリランカに伝わった南方伝承（『ディーパヴァンサ』『マハーヴァンサ』）によれば二一八年で、268+218−1=485となる。

（43）**スーカラ・マッダヴァ**　きのこの一種か、あるいは干した豚肉と考えられている。

（44）**入滅月日**　日本では二月十五日。原始仏教聖典の言うところによればヴェーサーカ月の満月の日で、中国の暦に換算すると二月十五日となる。ちなみに古代インドでは年齢は入胎から起算する満年齢が行なわれていたと考えられ、これによれば釈尊は満八十歳と十か月で亡くなった。

（45）**久遠実成の仏**　釈尊は菩提樹下で初めて覚りを開いて仏となったのではなく、久遠の昔に成仏していたのであるが、『法華経』を説くために仮に姿を現わしたにすぎないという。

（46）**無量寿仏**　阿弥陀仏の原語には'Amitāyus' 'Amitābha'の二つがある。'amita'が「阿弥陀」と音写され「無量」を意味し、’āyus’は寿命、’ābha’は光明を意味する。そこで’Amitāyus’は無量寿仏、’Amitābha’は無量光仏と訳される。

（47）**極楽浄土**　『無量寿経』『観無量寿経』『阿弥陀経』を浄土三部経と言い、これらが説く理想的国土。「南無阿弥陀仏」の念仏を信ずることによって、ここに往生できるとする。

（48）**妙喜世界**　『維摩経』に登場する維摩居士は、この世界からやってきたとされる。

（49）**浄瑠璃世界**　瑠璃を地となし、建造物は七宝でできている。『薬師如来本願経』に説かれる。

（50）**普陀落山**　『華厳経』に説かれ、原語は’Potalaka’と言う。チベット仏教の最高指導者ダライ・ラマは観音の化身とされ、そこでその宮殿は「ポタラ宮」と呼ばれる。

（51）**兜率天**　’Tuṣita’の音写。須弥山の上空にあり、仏となる前の菩薩はここに住するとされる。

（52）**神通力**　一般の人間の能力を超えた能力。①神足通、②天眼通、③天耳通、④他心通、⑤宿命通、⑥漏尽通、の六つがある。

（53）**大我**　「勝れた我」を意味する’parama-ātman’の訳語。真我とも勝我とも言う。インドの伝統的哲学学派の一つであるヴェーダーンタでは最高我の意味であるが、パーリ仏教でも用いられ、「涅槃」の同義語として使われ、仏の境地を表わす。

（54）**小乗**　第二章の最後を参照。

（55）**大乗**　第二章の最後を参照。

（56）**無住処涅槃**　迷いの世界を脱しながら、しかも涅槃に留まらないで、迷いの世界で衆生を救済するために生き生きと活動する涅槃の境地。

（57）**『大宝積経』**　宝積は「仏陀の教えという宝の集積」を意味し、菩提流支《ぼだいるし》（?～七二七）訳『大宝積経』百二十巻は、種々雑多な独立した経を集成したもの。

（58）**『大集経』**　「大集」は般若・宝積・華厳・涅槃と並んで、大乗経典の分類法である五大部の一部を構成する。全体的に密教色が強いが、必ずしも統一したテーマはなく、雑多な経を集めたものである。

（59）**『法華経』**　天台宗や日蓮宗、あるいは創価学会や立正佼成会などが所依とする経典で、鳩摩羅什《くまらじゅう》（Kumārajīva 三四四～四一三）訳の『妙法蓮華経』が最も広く用いられている。

（60）**一乗**　「乗」は覚りに趣かせる教えを乗り物に喩えたもの。三つの教えがあるように見えるが、仏教の教えは仏になるただ一つの教えしかないとする思想を言う。

（61）**弥勒菩薩**　弥勒は'Mai-treya'の音写。慈氏と漢訳する。現在、兜率天に住するが、五十六億七千万年後にこの世界に生まれて仏となるとされる。

（62）**観世音菩薩など**　観世音菩薩は「観自在菩薩」とも言う。地蔵は六道に苦しむ衆生を救済する菩薩（六地蔵）、文殊は智慧を司り、普賢は理・定・行を司る菩薩とされる。

（63）**無上正等覚心**　「無上正等覚」はこの上もない最上の覚り。仏の覚りを言う。このような覚りを達成しようとする心を「無上等覚心」と言う。

（64）**六波羅蜜**　第三章の「菩薩」を本文参照。

（65）**発菩提心**　略して発心《ほっしん》とも言う。

（66）**本願**　菩薩が過去世において、発菩提心したときに立てた誓い。自らが仏になること、一切の衆生を救い取ることの二つを柱とする。

（67）**四弘誓願**　真言宗では「煩悩無量誓願断」の代わりに、「福智無辺誓願集」「如来無辺誓願事」を加えて五大願とする。

（68）**三阿僧祇劫**　阿僧祇は'asaṃkhya'の音写で、数えることができない、という意。「無数」と訳す。これが数を表わす単位となったもの。ちなみに、倶胝《くてい》（koṭi）は千万、那由他（nayuta）は千億を表わす単位である。

（69）**波羅蜜**　'pāramitā'の音写。伝統的にはこれを'pāraṃ'＝向こう岸へ、'i'＝行く、'-tā'＝抽象名詞を作る接尾辞と解釈してきたが、現代では'pāramī'は'parama'＝最善からできた「完成」という意を表わす名詞で、これに'-tā'を付けたものと解釈されている。

（70）**五十六億七千万年**　釈尊が入滅してから弥勒菩薩が弥勒仏となるまでの年数とされるが、その根拠は詳らかではない。

（71）**兜率天**　須弥山の中腹の東西南北に、それぞれ持国天・広目天・増長天・多聞天（毘沙門天とも言う）が住んでおり、頂上には帝釈天が住む。兜率天の住処はその上方の空中にある。

（72）**ピッパラ樹**　インドボダイジュで、イチジク科に属する。常緑で樹高約二〇メートル、枝を四方に張ってこんもりとした樹形を作る。葉はハート形をしている。日本でボダイジュと呼ばれる木はシナノキ科に属し、同じではない。

（73）**龍華樹**　満久崇麿著『仏典の植物』（八坂書房、一九七七年）によれば、セイロンテツボク（オトギリソウ科）、クスノハカシワ（トウダイグサ科）、キンコウボク（モクレン科）の三説があるという。

（74）**蘇東坡**　一〇三六〜一一〇一年。蘇軾《そしょく》と言い、東坡は号。中国北宋の政治家で詩人。その詩は『東坡全集』に収められている。

（75）**一即多、多即一**　華厳宗でよく用いられる用語で、一がなければ多はなく、多はすでに一に含まれているように、一と多は互いに縁起相即していることを表わす。「一即一切、一切即一」とも言う。

（76）**『維摩経』**　初期大乗経典の一つで、支謙《しけん》は『維摩詰経』、鳩摩羅什は『維摩詰所説経』、玄奘は『説無垢称《むくしょう》経』と訳す。経の主題とするところは「空」であるが、在家である維摩居士《こじ》が出家である舎利弗《しゃりほつ》・目連《もくれん》などを痛烈に批判したことなどが内容となっている。

（77）**向上**　向上は下から上へと向かうことで、衆生が覚りを目指すことを言う。反対に向下は、上から下に向かうことで、仏・菩薩が衆生を教化することを言う。

（78）**『無量義経』**　中国天台宗の祖・天台大師智顗《ちぎ》（五三八〜五九七）によってこの経が『法華経』の開経、『観普賢菩薩行法経』が結経と把握されてから、これら三経は「法華三部経」と通称されるようになった。

（79）**『八十華厳』**　漢訳の「華厳経」には三訳がある。仏駄跋陀羅訳（四一八〜四二〇）の六十巻本、実叉難陀訳（六九五〜六九九）の八十巻本、般若訳（七九五〜七九八）の四十巻本であり、これらをそれぞれ略称して『六十華厳』『八十華厳』『四十華厳』と呼ぶ。

（80）**十八不共仏法**　仏の十力と四無所畏と三念住と大悲を併せた十八法を言う。この中には衆生の性質や能力を知る力、過去や未来を知る力などが含まれている。

第四章　仏教の世界観

初期仏教の世界観

【世界観】

この章では、仏教の世界観について考えてみよう。ここで言う世界とは、地球とか宇宙という客観的な世界ではなく、むしろ仏教が主題とする問題や範囲のすべてというような意味での、いわゆる主観的な世界のことで、端的に言えば、仏教が《一切》と言うとき、この《一切》にはどのようなものが含められるか、どのような意味を有するのかということである。

今まで繰り返し述べてきたように、仏教の最も基本的なものの見方は、「あるがまま」を「あるがまま」に見ることであった。そうして人間の「あるがまま」を「あるがまま」に見た結果を《人間観》とし、仏の「あるがまま」を「あるがまま」に見た結果を《仏陀観》として考えてきたのであるが、この章では「あるがまま」を「あるがまま」に見る対象がどこまで広がっていたのかということを問題にしようというわけである。

いやむしろ、「あるがまま」を「あるがまま」に見た結果得られたはずの人間観や仏陀観において、初期仏教と大乗仏教の間に大きな違いがあり、それは一に初期仏教と大乗仏教の世界観の相違によっていると指摘してあったので、それに答えなければならない、と言ったほうがよいかもしれない。

結論を先取りすれば、仏教が原始仏教から阿毘達磨仏教（本書ではこの両者を初期仏教と呼んでいる）を経て、大乗仏教へと展開した大きな要素は、実は「あるがまま」を「あるがまま」に知見しようとした《一切》の広がり、すなわち《世界観》の広がりにあったのであって、その故に、ものを見る視点や立場にも大きな展開が生じたと考えられるのである。

【初期仏教の一切】

初期仏教において《一切》という言葉は、「一切行無常」「一切皆苦」「一切法無我」という有名な句の中で使われている。これらはむしろ「諸行無常」「諸法無我」という句のほうが人口に膾炙しているが、諸行と諸法の「諸」という言葉は、サンスクリット語で、sarva（サルヴァ）と言い、これは《一切》を意味するから、「一切行無常」と言い、「一切法無我」と言ったほうが正確である。

それでは、初期仏教の《一切》とはどのような範囲を指したのであろうか。原始経典においては、

色は無常である。また受・想・行・識は無常である。色は無我である。また受・想・行・識は無我である。一切行は無常であり、一切法は無我である（SN. 22-90, MN. 35,『雑阿含経』一〇一、二六二）。

とされるから、《一切》は色・受・想・行・識の五蘊（1）と把握されていることになる。《人間観》のところで詳しく解説したように、無常や苦しみや無我は、この五蘊（正確には五取蘊）について言われるの

を原義とし、それが「一切行無常」とか「一切法無我」と言い換えられているのであるから、原始仏教の公式見解は、

一切＝五（取）蘊

であったわけである。しかし、原始経典を広く渉猟してみると、十二処とか十八界が《一切》と把握されているものもあることが分かる。「十二処」とは、衆生の感覚器官である眼と耳と鼻と舌と身と意の六内処と、これら感覚器官の対象である色と声と香と味と触と法（抽象的概念）の六外処を合わせたものであり、「十八界」はこれに眼識と耳識と鼻識と舌識と身識と意識の六識を加えたものである。

【世界観の広がり】

このように、十二処・十八界は衆生の感覚器官をキーとして、その対象、そこから生まれる認識を十二あるいは十八に分類したのであるが、この伝に従えば、さらに眼とその対象である色と、潜在的な認識能力たる眼識が触れ合って生ずる精神的な活動の最も初期の状態である眼触、そしてそこから生まれる感覚たる眼触所生の受、さらにそれを明確なイメージにまとめる精神活動としての想といったふうに広がっていくことになる。したがって、十二処・十八界を《一切》と呼ぶのは、こうしたものも暗黙のうちに含めていると言うことができる。

これは、先に説明したさまざまな偏見や先入観に影響された分別智である無明によって、盲目的意思

たる行が生じ、これによって識・名色・六入・触・受・愛・取・有・生・老死が生じるという「十二縁起説」を思い起こしていただければ分かりやすいであろう。

要するに、十二処・十八界を《一切》というのは、

(六内処)	(六外処)	(六識)	(六触)	(六触より生ずる受)	(六想……)
眼	色	眼識	眼触	眼触所生の受	眼触所生の受より生ずる想……
耳	声	耳識	耳触	耳触所生の受	耳触所生の受より生ずる想……
鼻	香	鼻識	鼻触	鼻触所生の受	鼻触所生の受より生ずる想……
舌	味	舌識	舌触	舌触所生の受	舌触所生の受より生ずる想……
身	触	身識	身触	身触所生の受	身触所生の受より生ずる想……
意	法	意識	意触	意触所生の受	意触所生の受より生ずる想……

と分類されるすべてを指すのであり、これは六六法[2]と呼ばれる。このように、原始仏教において《一切》は五蘊や六六法を指す。

五蘊は肉体を指す色と、精神作用たる受・想・行・識からなるのであるから、五蘊は肉体と精神を有する衆生を意味するものにほかならない。

また、六六法には、明らかに衆生の外にある色[3]や声・香・味・触[4]・法[5]をも中に取り込んで

いるが、その中心は感覚器官たる眼・耳・鼻・舌・身・意や精神作用たる識・触・想といったものなので あるから、色・声・香・味・触・法と言っても、物質一般とか音一般というように無制限に拡大して把握すべきではなく、私たちの眼が捉えた一瞬の物質、私たちの耳が聴いた一瞬の音といった、あくまでも私たち主体の側に取り込まれた色声香味触法であると言うべきであろう。

【私を中心とした主体的世界】

したがって、原始仏教は《一切》と言っても、それは私を中心とした「主体的世界」を意味したのであって、私たちの意識しないところで動いている地球の運行はおろか、世界各国の動きも、山や河も、極端に言えば「何する人ぞ」という隣人でさえも《一切》の中には入っていなかったと言ってよい。

そして、このような《一切》が、「あるがまま」を「あるがまま」に知るという如実知見の対象であったから、そこから得られたものは、私の生・老・病・死という、いかにも個別的・具体的なものであったし、それを概念化した無常も無我も、これまた私たちは生まれ、老い、病気になり、死に、そしてこれをどうしようもないという、非常に人間的なものを表わすほかに他意はなかった。

したがって、原始仏教の最も肝要な教えは、苦しみという真実（苦諦）、苦しみの原因は煩悩であるという真実（集諦）、煩悩が滅すれば苦しみも滅し、これが覚りであるという真実（滅諦）、この覚りを得るためには八つの正しい生活方法があるという真実（道諦）というように、極めて人間臭いものであったのであり、あらゆるものはさまざまな関係の上に成り立っているという、極端に言えば、宇宙的な次元での理法としても十分に通用するはずの縁起さえ、生まれ、老い、病気し、死ぬという苦しみはどのような関係で生じてきているのか、この苦しみを解決するのにはどういう関係を断ち切ればよいのか、という十二縁起説(6)としてまとめられた。

このように、原始仏教の教えの一切合財は、生まれ、老い、病気し、死ぬという、極めて人間的な問題に収斂されているのであるが、それは《一切》が、「衆生の主体的世界」を意味するように、その世界観がもっぱら衆生（人間）に限られていたからと言うことができる。しかも十二処や十八界が「私」を中心とした「主体的世界」であったように、「衆生の主体的世界」は一般的・抽象的な「衆生の主体的世界」ではなく、「私」を中心としたものであったとすることができる。だから、生・老・病・死も一般的・抽象的な生・老・病・死ではなく、あくまでも具体的で卑近な、私の生・老・病・死なのである。

【要素の集合体としての私】

しかし、《一切》が「私」あるいは「衆生」を指すなら、何も回りくどく五蘊とか十二処、十八界などと言わずに、端的に「私」でも「衆生」でもよかったのではないかという疑問が生じるかもしれない。しかし、仏教は「私」あるいは「衆生」の中に、そのアイデンティティーの拠り所となる、たとえば霊魂とか、インドの伝統的な哲学が主張した「アートマン(7)」というものを認めなかった。「私」あるいは「衆生」は肉体的・精神的なさまざまな要素の集合体にすぎないので、それを徹底させるためにあえて回りくどい表現をとらざるを得なかったものと解釈される。

それでも筆者が、原始仏教の世界観をあまりに狭く考えすぎているという非難があるかもしれない。この「あるがまま」の世界を「あるがまま」に成り立たせている法則が「縁起」であって、次のような定型句を考えると、原始仏教の縁起はそんなに狭いものではないという意見も予想されうる。そこでもう一度、原始仏教の縁起について考えてみることにしよう。

「これあるときかれあり」

原始仏教の縁起を説明するとき、いつも引き合いに出されるのは次の定型句である。

これあるときかれあり、これ生ずるが故にかれ生ず。

これなきときかれなく、これ滅するが故にかれ滅す。

確かに、縁起は《一切》のものが独立自存するということはなく、多くの条件や関係のもとに初めて成り立ちうる、ということを言うものであるから、まさしくこの句は、縁起の理法を表わす最も優れた表現と言えるであろう。

【縁起の範囲】

そして、この句が原始仏教の縁起を象徴的に語るとすれば、アメリカがあるから初めて日本が存在しうるとか、脚がダメになったから机も壊れて使えなくなった、といった一般的・客観的、あるいは論理的・空間的な一切のものに適用させることも可能かもしれない。しかし、原始経典を素直に読む限り、この句は決してこのような理解を許すものではないことが分かる。

【縁起を説く経文】

その最も明確な証拠は、原始仏教の経典においては、この句が独立して単独で用いられることはなく、常に

これあるときかれあり、これ生ずるが故にかれ生ず。これなきときかれなく、これ滅するが故にかれ滅す。すなわち、無明によって行あり、行によって識あり、…名色…六入…触…受…愛…取…有…生によって老死愁悲苦憂悩あり。このようにして、これらすべての苦しみは生ずる。しかしながら、無明の滅の故に行滅し、行の滅の故に識滅し、名色…六入…触…受…愛…取…有…生の滅の故に老死愁悲苦憂悩滅し、このようにして、これらすべての苦しみが滅する。

という形でしか示されないということである。

【「これ」と「かれ」】

これが、すでに何度も述べてきた十二縁起を説く経典のもともとの文章であるが、これを素直に読む限り、先の句の中に含まれる「これ」や「かれ」は、十二縁起の中の十二項目の一つ一つを指すものと解さざるを得ない。たとえば、「これ」と「かれ」に無明と行を当てはめるとすれば、「無明によって行あり」という二つの項目の関係が、「無明あるとき行あり」「無明生ずるが故に行生ず」という関係であることを示し、「無明の滅の故に行滅す」という関係が、「無明なきとき行なく」「無明滅するが故に行滅す」とも表現できるということを示すものであるということである。すなわち、「これあるときかれあり」と「これなきときかれなし」は、二つの項目の因果関係が同時的関係であることを表わし、「これ生ずるが故にかれ生ず」と「これ滅するが故にかれ滅す」は、異時的関係でもあることを表わしたのである。

【縁起説の発展】

しかも、学界の定説によれば、縁起説が十二項目にまとめられる前に、五つとか九つとかの項目(8)数の少ないさまざまな縁起説が成立していたと考えられている。筆者は、これらの項目の数にそれほどこだわる必要はないという説を採っているので、原始仏教の縁起説を説明するときには、いつも十二縁起をもってしてきたが、成立論に関しては一般の学説に賛成である。ということになれば、十二縁起説に付帯してしか用いられることのない「これあるときかれあり……」の句も、決して古いものではないとせざるを得ない。

以上のことから、「これあるときかれあり……」の句は、縁起の理法を表わす最も優れた句ではあるが、少なくとも原始仏教においては、十二縁起に付帯して、十二の項目のあいだの関係を通則的に示したものにすぎないということになる。

またこれら項目は、「五蘊」や「十二処」「十八界」がそうであったように、「私」や「私をとりまく世界」を構成する要素を念頭においたものであって、決して論理的なものまで含むものではない。したがって、この句を独り歩きさせて、「これ」や「かれ」に自由な項目を当てはめ、縁起を論理的にも空間的にも拡大させ、一般化させて解釈することは許されない。原始仏教の縁起説は、「衆生の主体的世界」を《一切》とするという世界観の枠からはみ出るものではないからである。原始経典にはさまざまな縁起説があると言ったが、そのすべてがそうである。

阿毘達磨仏教の世界観

以上のように、原始仏教の言う《一切》は、私を中心とする「衆生の主体的世界」であり、その中で縁起説が説かれたので、それは私の生老死という苦しみがなぜ生じ、それをどうすれば解決できるかということを主題とする十二縁起説となった。また、「あるがまま」を「あるがまま」に知見して得られた真実も、無常とか苦しみとか無我という、衆生に密着した主体的な概念をもって表わされた。

次に、原始仏教から一歩進んだ阿毘達磨仏教の世界観について述べてみよう。釈尊が亡くなったあと、約一〇〇年の間は仏教教団も統一を保っていたが、やがてさまざまな異論が生じるようになって、ついには十八とも二十とも数えられる部派（学派）に分かれることとなった。紀元前二三六年に即位した、マウリア王朝第三代のアショーカ王(9)の時代のことであったと考えられる。これらの部派は、それぞれの意見を精緻な体系としてまとめた理論体系書（論書）を持っていたと思われ、その論書をアビダルマ(10)（abhidharma）と言うので、この時代の仏教は「部派仏教」とも「阿毘達磨《あびだつま》仏教」とも呼ばれる。アビダルマというのは、釈尊の教えを注釈・研究するという意味で、「阿毘達磨」はその音写語である。

【阿毘達磨仏教と大乗仏教】

ところで、今まで仏教の歴史を説明する際に、原始仏教から阿毘達磨仏教、そしてその後に大乗仏教が起こったというふうに書いてきた。そこで読者は、あるいは大乗仏教が起こって、阿毘達磨仏教は滅びたと理解されたかもしれない。しかし実際には、大乗仏教が起こってからも多くの部派が活発に活動していたのであって、むしろこの二つは互いに切磋琢磨しながら理論体系を形成していったと言ったほうが正しい。したがって、原始仏教⇒阿毘達磨仏教⇒大乗仏教というように様式化して示したのは、思想史的な視点で叙述したものにすぎないことを注意していただきたい。

さて部派仏教であるが、残念ながら今日では、それらの論書のほとんどは伝わらず、南方に伝わったパーリ仏教（11）のほかには、わずかに説一切有部（12）と称された部派のものが、ほぼ完全に残されるのみである。しかしながら説一切有部は、インド北部では多くの部派の中でも最も大きな勢力を持ち、またそれ故に、大乗仏教からは目の敵にされた。最初に大乗を名乗ったのは『般若経』であるが、その『般若経』は「色即是空」という句で有名なように「空」を主張する。なぜ大乗仏教を自覚する『般若経』がしつこいまでに「空」を主張するのかと言えば、それは「有」を説く説一切有部を意識していたからである。だから逆説的に言えば、この説一切有部が反面教師となって、大乗という新しい宗教の革新運動を促したとも言えるのである。そこで、部派仏教の思想を説一切有部に代表させて、しばらく説一切有部の世界観を考えてみよう。

【インドの科学】

説一切有部も、基本的には原始仏教を継承して、現実にすわりをおいた世俗諦の立場に立っていたが、その理論体系書の形成された、紀元をはさんで四〇〇年ほどの間は、インドにおいて諸科学や諸哲学が澎湃として興った時代であり、仏教もこの影響を受けないではいられなかった。

たとえば、インドの最も古い医学書である『スシュルタ・サンヒター』と『チャラカ・サンヒター』が成立したのも、幾何学が盛り込まれた祭壇経（『シュルヴァ・スートラ』）が成立したのも、精緻な天文学的知識を述べた『ジョーティイシャ・ヴェーダーンガ』が形成されたのもこのころであった。

このような科学的認識が高揚した時代にあっては、仏教といえども私の世界のみに没頭してはいられなかったし、もともと「あるがまま」を「あるがまま」に知見することをものの見方の基本とする仏教は、これら科学と相反するはずはなく、そこで仏教の内部においても科学的関心がにわかに高まりを見せることになった。

またこのころには、インドの伝統的なバラモン教哲学にも、体系化の芽吹きが始まっていた。それが六派哲学（13）として形成されたのは、紀元三二〇年に創始されたグプタ王朝（14）になってからであるが、たとえばミーマーンサー学派やヴェーダーンタ学派の派祖とされるジャイミニ（Jaimini）や、ヴァイシェーシカ学派の派祖カナーダ（Kaṇāda）、あるいはサーンキヤ学派のカピラ（Kapila）、ヨーガ学派の派祖とされるパタンジャリ(Patañjali)などは、ちょうど紀元前三〇〇年から紀元前五〇年くらいの、約二、三〇〇年の間の人ではないかと考えられている。それは、まさしく説一切有部の思想が体系化されようとする時期でもあった。

【五位七十五法】

こうした外的条件にも触発され、また対抗のために理論武装しなければならないという意味もあって、説一切有部では、あまりにも小さな世界でありすぎる五蘊や六六法を発展させて、《一切》を五位七十五法《ごいしちじゅうごほう》に分類することとなった。五位というのは五つの部類ということであり、「法」は「要素」という意味であるから、七十五法というのは七十五の要素という意味である。これを簡単な意味も付して（ただしこの説明ではよく分からないであろうから、詳細に知りたい人は阿毘達磨の概説書などを参考にしていただきたい）一覧できるように掲げると、次のようになる。

Ⅰ　有為法[15]〔七二〕

一、色法[16]（一一）

（a）五根

眼、耳、鼻、舌、身

（b）五境

色、声、香、味、触

（c）無表色《むひょうじき》（身体、言葉で行なった行為の後に及ぼす影響力）

二、心法[17]（一）

意識

三、心所法[18]（四六）

（a）大地法（19）一〇

受（苦楽を感じる）、想（イメージする）、思（意思）、触（根・境・識が接触する）、欲（意欲）、慧（判別する）、念（注意）、作意《さい》（心を醒ます）、勝解《しょうげ》（了解する）、三摩地《さんまじ》（心を集中する）

（b）大善地法（20）一〇

信（心を澄ます）、勤《ごん》（努力）、捨《しゃ》（平静をたもつ）、慚《ざん》（他人に恥じる）、愧《き》（自ら省みる）、無貪（貪らない）、無瞋《むしん》（怒らない）、不害（他を悩ませない）、軽安《きょうあん》（安らか）、不放逸《ふほういつ》（ほしいままでない）

（c）大煩悩地法（21）六

無明、放逸（ほしいままにする）、懈怠《けたい》（なまける）、不信（心を澄まさない）、惛沈《こんじん》（ふさぎこむ）、掉挙《じょうこ》（うわつく）

（d）大不善地法（22）二

無慚（他人に恥じない）、無愧（自ら省みない）

（e）小煩悩地法（23）一〇

忿（不快）、覆（罪を隠す）、慳（ものおしみ）、嫉（しっと）、悩（なやみ）、害（他人を害する）、恨（うらみ）、諂《てん》（へつらい）、誑《おう》（たぶらかし）、憍《きょう》（おごり）

（f）不定地法《ふじょうじほう》（24）　八

悔（悔いる。悪作とも言う）、眠《みん》（ぼんやり）、尋《じん》（ものごとをおおまかに追究する）、伺《し》（物事を細かく追究する）、貪、瞋、慢、疑

四、心不相応行法《しんふそうおうぎょうほう》（25）（一四）

得《とく》（七十五の要素を自分に引きつける）、非得《ひとく》（要素を自分に引きつけないようにする）、衆同分《しゅどうぶん》（犬は犬、猫は猫の特徴を持たせる）、無想果（無想天に生まれる果報）、無想定《むそうじょう》（無想天に生まれさせる禅定）、滅尽定（一切の心の働きを止める禅定）、命根《みょうこん》（寿命）、生、住、異、滅、名、句、文

Ⅱ　無為法（26）〔三〕

択滅《ちゃくめつ》、非択滅《ひちゃくめつ》（縁が欠けたことによって要素が生じない）、虚空《こくう》（妨げることもなければ、妨げられることもないもの）

これは、縁起によって成り立つ世界を構成する要素（有為法）を、物質（色法）と、こころ（心法）と、精神作用（心所法）と、物質でも心でも精神作用でもないもの（心不相応行法）という四つの部類、七十二の要素に分け、さらにそれ以外の縁起によって成り立つ世界を構成しないもの（無為法）の三つの要素を加えて、五つの部類・七十五の要素に分類したものである。

【五蘊との関係】

これら五つの部類や七十五の要素を見れば、基本的には五蘊の分類を発展させたものであることは明らかである。すなわちⅠ—一の「色法」は五蘊の中の「色蘊」に当たり、Ⅰ—二の「心法」は五蘊の中の「識蘊」、Ⅰ—三の「心所法」は五蘊の中の「受蘊」「想蘊」「行蘊」に当たる。しかし五蘊にはⅠ—四の「心不相応行法」と「無為法」に相当するものがないが、そもそも「心不相応行法」の「行」は「行蘊」の中に収められるべきものという意味であるから、分類に際しては五蘊を想定していたのである。しかし「無為法」は、もともと「五蘊」には含まれていなかった、という見解がとられている。「無為」は覚りの要素を含むが、そもそも「五蘊」は迷いの衆生としての凡夫を意味するから、この中には覚りの要素は含み得ないからである。だからこれは、「無為」を枠の外にはずして、原始仏教以来の「五蘊」という分類法を継承しながら、より精緻に、またより客観的な視点によって、《一切》をさまざまな要素に分類しようとしたのである。

【生・住・異・滅】

たとえば、心不相応行法の中の生・住・異・滅は、ものが生じ、とどまり、変化し、滅していくという要素であって、生・老・病・死に相応する。ところが、この時代に至ると、単に生きとし生けるものを主体的に捉えるだけでは不十分となり、たとえば大きくは富士山が火山活動によって生じ、その形を保ち、風雪その他によって形を変え、いつかは崩れ果てるといったことや、小さくは草木が生え、成長し、枯れて、土に戻るといった客観的な外界の事象にも適用するために、生・老・病・死という主体的な概念から生・住・異・滅という客観的な概念に広げたのである。

【名・句・文】

また、この中に名《みょう》・句《く》・文《もん》という要素が含まれるが、これらは言語のもつ働きを要素として立てたもので、文は「ア」とか「イ」という音の単位、名は文が幾つか集まって形成される「愛」などという概念、要するに単語であり、句はこれらが連結されて「愛は力なり」などという完結した意味を持つ章句を言う。したがって、これらは単に口から発せられる声という主体的な視点を超えて、言語という意思伝達機能を客観的に考察した結果、得られたものであることが分かる。

このように、心不相応行法は物質でも精神作用でもない、いわば客観的なものの働きといったものを実体的な要素と認めたもので、このようなものを要素として立てたということ自体が、《一切》を客観的に観察しようとした現われと言うことができる。

また、この五位七十五法に含まれる物質は、今までの十二処分類の伝統を引きずって、眼・耳・鼻・舌・身・色・声・香・味・触などと分類されているが、これらも決して衆生という主体的な視点からのみ見られたものではない。

【四大と極微】

説一切有部は、物質はどんなものでも地・水・火・風という四つの元素（四大《しだい》（27）と言う）から成り立っていると考え、そのこれ以上小さく細分できない最小の単位を極微《ごくみ》（27）と言った。いわば原子のようなものを想定したのである。したがって、いろや形を持つものとしての眼識の対象である色はもちろん、声も香も味も、これら極微によって形成されていると考えた。もちろん、眼・耳・鼻・舌・身などの肉体器官も同様である。しかし、これらは単なる無機物ではなく、有機質的なものとして、ものを見、音を聞き、香りを嗅ぐという霊妙な働きを持っているから、したがってこれらは地・水・火・風（28）という物質の四つの要素のほかに、眼は眼、耳は耳、鼻は鼻としての特殊な極微をも併せ持っていると考えた。ただ、色・声・香・味・触という感覚器官の対象も、それぞれ独自の極微を持つとされるのは、今の科学的知識からは、納得しにくい。

このように、阿毘達磨仏教においては物質を、今風に言えば原子とも言うべき見方を導入して、客観的・科学的に追究した。

【無為法】

そして、原始仏教においては敬遠されて、滅とか解脱といった表現によって遠慮がちに説かれていた覚りも、「無為法」という一つの要素として客観的な観察の対象に上せられることとなった。

もっとも、ここでも無為は、煩悩が智慧によって滅するということしか説かれず、その内容がこれ以上詳しく説明されることはなかったが、それでも覚りが客観的な思想体系の中に組み込まれるようになった、とは言えるであろう。

【客観的世界へ】

このように、一切法は原始仏教時代から阿毘達磨仏教時代に至ると、「衆生の主体的世界」から、物質も精神も自然現象も含めた「客観的世界」へと広がった。世界観が大きくなったのである。そこで縁起も、これに適合する縁起説として説明されることになった。縁起はさまざまな原因（因）と、間接的な条件（縁）がからみあって結果が生じているということを意味するが、これを説一切有部は、客観的世界の成り立ちも説明できるように、因を六種に、縁を四種に、果を五種に分類して、「六因四縁五果説」としてまとめた。

【「説一切有部」の名義】

「説一切有部」という名称は、上記のような要素としての「《一切法》が、過去・現在・未来の三世にわたって存在すると説く部派」を意味するが、「六因四縁五果説」は、これら有為法に含まれる七十二の要素が、空間的にも、時間的にも、理論的にも、縦横無尽に関係し合って、現実世界を構成しているということを、合理的に説明しようとしたものである。ちなみに、無為法は縁起を超越した要素であるので、この範疇には入らない。なお、先に無為は煩悩が智慧によって滅することと説明したが、厳密に言えば、煩悩も過去・現在・未来の三世において存在するから滅することはない。正確に言えば、縁起する機会を失わせるということであり、これを択滅無為《ちゃくめつむい》と言うのであるが、これについては後述する。

阿毘達磨仏教の縁起説

【六因四縁五果】

以上のように説一切有部は、一切の要素が三世に存在しており、それが現実となって現われるのは「六因四縁五果」として働く縁起によると説くのであるが、この関係を図示してみると次のようになる。

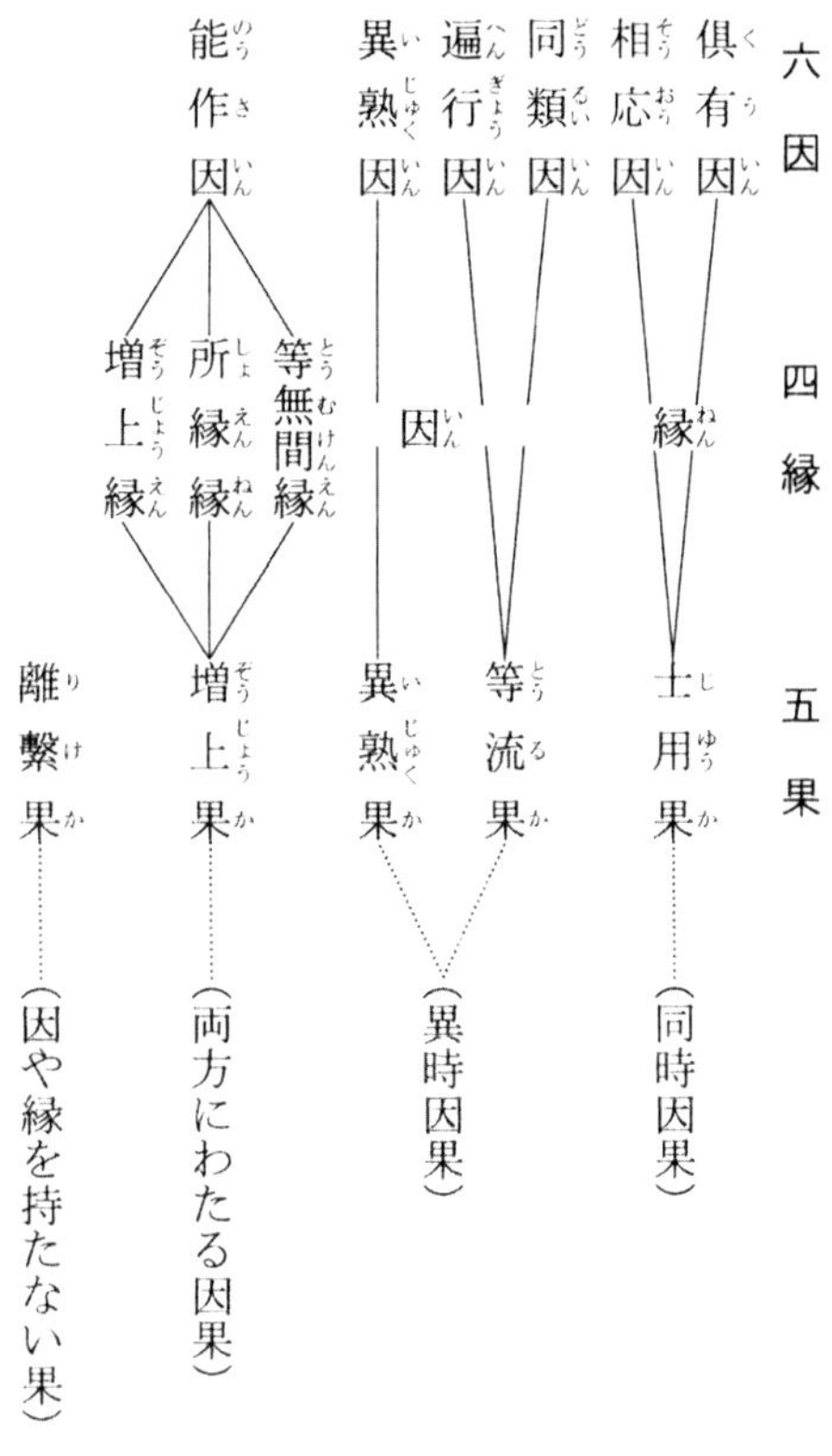

以下にこの「六因四縁五果説」がどのようなものであるかを、できるだけ分かりやすく解説してみよう。

たとえば、コーヒーを飲みながらテレビの歌謡番組を見ている私を捉えるとしよう。

その私は言うまでもなく、眼や耳や鼻や舌や身体という物質的要素から成り、コーヒーを味わい、画面を見るという認識（味覚・視覚）を働かせているから、心の要素を持っている。また、私はコーヒーを飲みたいと思ってコーヒーをいれ、テレビを見たいと考えてチャンネルをひねったのであり、うきうきしたり、愁いに沈んだりしながら歌を聞いているのであるから、意思とか感情という「精神作用」の要素も持っている。すなわち、コーヒーを飲みながらテレビの歌謡番組を見ている一瞬の私は、さまざまな「色法」と「心法」と「心所法」から成り立っている。

【倶有因―士用果】【相応因】

このように、今一瞬の私は、さまざまな要素が集積して、仮に私という存在としてまとめられているのであるが、これは決して偶然でもなければ、宿命でもなく、また神の命ずるところでもない。私の身体を構成する地・水・火・風という四つの元素や、眼識や意思の要素は、世界中に無数に存在するが、その中から選び取られて私の一部分となったのであって、それも縁起の法則に則ったものと考えて、この関係を倶有因《くういん》―士用果《じゆうか》と言う。すなわち、さまざまな要素が倶有因という原因となって集まり、士用果という果として、今一瞬の私ができあがっているというわけである。そして、特に心の要素と精神作用という要素は微妙に関連し合うから、倶有因の中から精神的な要素だけを取り出して、これを相応因《そうおういん》と名づけた。したがって、相応因は倶有因の一部である。

以上はコーヒーを飲み、テレビを見ている一瞬の私を同時的に捉えたのであるが、今の一瞬の私とて、過去や未来から切り離されてあるわけではない。早い話が、私が母親のお腹から生まれて来なければ今の一瞬の私はないわけであり、今の一瞬の私がなければ、死の床に横たわるであろう私もない。

しかしながら、可愛い赤児の私も私であれば、癌細胞に侵されて痩せさらばえている私も私であって、決して私以外の何ものでもない。それは、コーヒー茶碗やテレビとて同様であって、昨日のコーヒー茶碗は今日のコーヒー茶碗であり、突然に形を変えて、ほかのコーヒー茶碗に変身するわけではない。ところが、赤児の時の私が写った写真を見て、すぐに私と言い当てられる人は、決して多くはないであろう。姿自体は無残にも変わりはてていることを、残念ながら認めざるを得ない。コーヒー茶碗やテレビとて、どこかにひびが入ったり、ブラウン管が痛んだりという変化はあるのであって、同じように見えて、実は昨日のものとは違うというのも事実である。またコーヒー茶碗が粉々に壊れてしまうということもあり、このときには連続性は失われる。

【同類因―等流果】

しかし、この変化をもっと短い時間的単位で眺めることもできる。私たちの身体は、生物学的には一つ一つの細胞が新陳代謝して、絶えず亡びつつ、また新しく生まれ変わっている。コーヒー茶碗も組織疲労して、一瞬一瞬を積み重ねながら、壊れやすくなっている。このようにすべてのものは絶えず生滅変化しているのであるが、しかし私は私、コーヒー茶碗はコーヒー茶碗として自己同一性を保っているのは、同類因《どうるいいん》—等流果《とうるか》という縁起の関係があるからである。
もしこの関係がなくなると、要素の集まりが雲散霧消して、次の瞬間に同種の要素が集まらず、自己同一性は保てない。それはコーヒー茶碗が自己同一性を保ち得ないほど粉々に砕け散ったということを意味する。

【遍行因】

遍行因《へんぎょういん》はこうした同類因—等流果の関係を、衆生の精神作用、特に煩悩に限定して名づけたものである。私たち衆生が迷いの凡夫としてある限り、煩悩はいつどこででも働いていて、常に持続しており、同類因—等流果という関係を保ちつづけるからである。
以上のように、同類因（遍行因）と等流果は、自己同一性を保っている要素の塊を、時間的経過の中で見たのである。
しかしながら、私というものを時間的経過の中で見るとき、もう少し違った視点からも見ることができる。

【異熟因—異熟果】

今この一瞬に、私がのんびりコーヒーを飲み、テレビを見て、のほほんとしていられるのは、幸いにしてよい妻に恵まれ、安定した会社に勤められているからである。しかし、それは懸命にラブレターを書き、それなりに会社に貢献したという行為の積み重ねの結果である。すなわち、ラブレターを書き、会社に貢献したという行為が、今のんびりコーヒーを飲み、テレビを見ていられるという幸せ（楽）という精神作用に転換されたのである。逆に、会社の金を使い込むという悪事をなしたとしたら、明日には監獄で自由を束縛されるという苦しみを味わわなければならない。このように、過去の原因となった善・悪の「行為」と、時間的経過を経た後に結果として現われる「幸せ」「苦しみ」とは、要素の性質が異なる。この関係を異熟因《いじゅくいん》―異熟果《いじゅくか》と言う。

【所縁縁】

また、私はコーヒーを飲みながらテレビを見ている。コーヒーの香りを嗅ぎ、味を味わうのは、香りと味が鼻や舌を刺激するからである。しかし、必ずしもコーヒーでなければならないことはない。紅茶だってココアだってある。テレビを見なくたって、本を読んでもいい。しかし、今の私はコーヒーをすすりながら、テレビを見ている。このように無数にある可能性の中から、眼識と色、鼻識と香、舌識と味というような認識が生じるのも縁起によるのであり、これを所縁縁《しょえんねん》（29）と言う。

【等無間縁】

もっとも、コーヒーを味わいながらテレビを見ていると言ったが、実はテレビの画面に気をとられている一瞬は、味覚はお留守になっており、コーヒーの味をうまいと楽しむ瞬間は、ただ映像がうつり、音声が流れているのみで、見て見ぬ状態にあるのである。このように、視覚や聴覚・味覚・臭覚といったものは、ごく短い一瞬（これを刹那と言う）には、同時に働くということはなく、視覚の働いている一瞬は、ほかの感覚はお留守になっており、味覚が働くためには視覚が引っ込まなければならないという関係を等無間縁《とうむけんえん》（30）と言う。ちょうど、コップの置かれている空間には、ほかの物質が置けないのと同様である。

【増上縁】

ところが、ふいに飛行機が轟音を響かせて、屋根すれすれに飛んできたとしたらどうであろうか。富士山が大爆発して大地震が起き、送電線がズタズタになって電気が止まったらどうなるであろうか。テレビの音は飛行機の爆音にかき消され、電流が止まって画面は暗くなるであろう。しかし、私がこの一瞬にテレビを見ていられるのは、そういった邪魔が入らなかったからである。このように、以上述べてきたさまざまな要素が、さまざまな関係によって現象として働いていることを妨げないというのも一種の縁起関係であり、これを増上縁《ぞうじょうえん》と言う。

【能作因―増上果】【因縁】

以上の所縁縁・等無間縁・増上縁をひっくるめて能作因《のうさいん》と言い、その果が増上果《ぞうじょうか》であって、これらは同時にも異時にも働く因果である。また因縁《いんねん》という言葉を四縁の一つとして用いると、先に述べた六因のうちの倶有因・相応因・同類因・遍行因・異熟因を総称したものとなる。因であるところの縁という意味である。

以上のように、阿毘達磨仏教（特に説一切有部）は、《一切》を衆生の肉体や精神活動はもとより、外界にある器物や自然現象までも含めたものとして捉え、それらが六因四縁五果という因果関係によって縦横無尽にからみあって、世界が成り立っていると解釈した。

しかし、それが科学のように純粋に客観的な視点で把握されているかと言えば、必ずしもそうではない。増上縁のところでも述べたように、世界は私をはぐくみ、維持するというような視点で捉えられており、したがって世界観が広がったとは言っても、結局は主体たる私が中心である。だからこの場合も、「世界」は「私をとりまく世界」と言ったほうがよいかもしれない。後に大乗仏教になって、この説一切有部の思想を土台として、阿頼耶識[31]から全世界が展開していると考える瑜伽行派[32]の思想が登場してくるが、この世界観を参照してみると分かりやすい。阿頼耶識思想は、眼識・耳識・鼻識・舌識・身識・意識という六つの表層的な認識の下の奥深いところにある第八識と呼ばれる阿頼耶識から、認識する主体の側も、認識される客体の側も、すべてが展開してくるのであって客観世界は存在しないと主張した。したがってこれは「唯識思想《ゆいしきしそう》」と呼ばれる。しかしそれは全世界の唯一の第一原因というものではなく、私たち一人一人が、心の深層にこれを持っていて、ここから私たち一人一人の世界が展開してくると言うのであって、これを「各各唯識」と言う。したがって、阿頼耶識思想における世界は「私」

の世界であり、説一切有部の世界もこの感覚に近いと考えればよいであろう。とはいいながら、世界は原始仏教からは格段に広がり、また科学的に認識されるようになったと言うことができる。

【一切法無我】

以上のように説一切有部は、一切の要素が、未来・現在・過去(33)の三世にわたって実在すると説いた。そうすると、説一切有部は、原始仏教の「無常」と「無我」の教えを捨てたことになるのであろうか。いや、決してそうではない。「私」は先に述べたように、肉体と精神を持っているが、それはさまざまな要素が縁起の関係によって離合集散し合いながら形成されているにすぎない。コーヒーカップはコーヒーカップで、地・水・火・風という物質の四つの原素が集合して形成されている。したがって、そこには私という永遠不変の確固たる何ものも存在しないし、コーヒーカップも要素がバラバラに砕け散れば、コーヒーカップではなくなる。だから「一切法無我(34)」である。

【一切行無常】

また、私はさまざまな類似の要素が連続して私という自己同一性を保っており、それはコーヒーカップとて同じであるが、赤ん坊の時の私と今の私とは決して同一ではない。いや、昨日の私にはあったはずの腕が、今日は交通事故によって失われているかもしれない。それ以上に、細胞は絶え間なく新陳代謝を繰り返している。また、金属疲労とか紙の老化ということがあるように、使わないコーヒーカップも目に見えないところで絶えず変化している。このように、これらを構成する要素自体は三世にわたって実有《じつう》とされるのであるが、しかし目には見えないところで、一つ一つの要素は生・住・異・滅を繰り返しながら刹那ごとに入れ変わっているのである。だから「一切行無常(35)」である。

このように、生まれれば老い、病気もして、やがては死んでいかなければならないということを意味した原始仏教時代の「無常」と「無我」は、阿毘達磨仏教時代に至ってその世界観が広がったために、その意味が拡大し、また科学的にも把握されるようになったのである。

【無為法】

ところが阿毘達磨仏教では、縁起を超えた世界として、縁起関係の埒外に置く要素があった。それが無為法である。この無為法を、『阿毘達磨大毘婆沙論』(36)という阿毘達磨を代表する書物は、

有為法は作用を有するから縁起という関係を借りるけれども、無為法は作用を有しないから縁起という関係を借りない。たとえば刈る者は鎌を用い、掘る者はすきを借りるけれども、何もしない者は用いるものがないが如きである（巻一三八）。

としている。要するに、さまざまな縁起関係のもとに成り立っているものを有為と言い、縁起関係を超えたものを無為と言う。

【択滅無為】

無為法には三つあり、その中の択滅無為が覚りを表わす。「択滅無為《ちゃくめつむい》(37)」は、智慧の力によって得られた涅槃という意味で、これが六因四縁五果では離繋果《りけか》に当たるのであるが、これは因も縁もないただ果のみの果という奇妙なものである。初期仏教の世界観では、因縁によって成り立っている有為の世界は、迷い、苦しみの世界であり、覚りは因縁を超越した世界であるからである。

われわれ凡夫は、倶有因（相応因を含む）や同類因（遍行因を含む）や異熟因や能作因によって、さまざまな煩悩の要素が私に付着することによって形成されている。確かによい心もあるが、それも根底にある煩悩によって汚されているから、覚りを得ることができるほどの有力なものではない。そこで、苦しみを解決するためには煩悩をなくさなければならないのであるが、それを滅するのは「智慧」である。阿毘達磨仏教は、釈尊の教えを忠実に継承しようという基本的姿勢を有しているから、そこで「智慧」も釈尊の教えに忠実に従うことによって生じると考えた。釈尊の教えとは、初転法輪において説かれた教えであり、「諸仏最勝の教え」ともされ、「如実知見」の対象とされる四諦である。そこで、智慧は四諦を観察することによって生じるとされる。

しかし、智慧が生じたとしても、その瞬間にすべての煩悩が滅するとは限らない。確かに、見解・思想に関わる迷いは、正しい見解が生まれた瞬間になくなるかもしれない。しかし「分かっちゃいるけどやめられない」という習慣になってしまっている煩悩もあって、これは正しい見解が生まれたとしても、一朝一夕にはなくならない。何しろ「分かっちゃいるけど」「やめられない」という煩悩だからである。

そこで、阿毘達磨仏教では煩悩を大きく二つに分けて、前者の見解に関わる煩悩を「見惑《けんわく》（38）」と言い、習慣的になった煩悩は繰り返し繰り返し、時間をかけて断じなければならないということで「修惑《しゅわく》（38）」と名づけられる。もちろん、この修惑を断じるのも智慧である。

【大衆部の思想】

ただし、これは部派仏教の中の説一切有部の考え方であって、実は部派の中にはこれとはまったく対照的な考え方を持った部派もあった。それが大衆部《だいしゅぶ》である。部派仏教は大きく分けると、説一切有部や南方上座部の属する上座部系の部派と、この大衆部系の部派に分かれるのであるが、残念ながらこの部派の文献が残っていないので、その思想の詳細にわたっては知り得ない。しかし、断片的な記述をもとに推測すると、思想的には大乗仏教に繋がるものを持っていたのではないかと思われる。たとえば、説一切有部は衆生の本性《ほんしょう》は清浄ではなく、したがって智慧を磨きに磨いて、一つ一つ虱潰《しらみつぶ》しに煩悩を断じていかなければ覚りは得られないと考えたが、大衆部は衆生の本性は清浄（39）であって、煩悩は本来清らかな鏡に埃《ほこり》がかかっただけのことで、さっと一拭きしてやれば、煩悩はなくなると考えた。いわば大衆部は大乗仏教の如来蔵に近い考え方を持っていたことになる。

【仏陀観】

それは仏陀観にも言えることで、説一切有部は仏も非常に人間的に捉えたが、大衆部は理想的に捉えた。説一切有部は、たとえ仏となっても身体がある限りは、睡眠とか、食欲などの生存に必要な基本的な欲求はなくならない、だから本当の覚りは死んでからでなければ獲得できないとした。「死んで花実がなるものか」という言葉があるように、もし本当の覚りは死ななければ得られないとしたら、何のための仏道修行かと疑問に思わざるを得ないが、しかし原始仏教以来、この世は苦しみの世界であったから、覚りはこの世を解脱して、この世に戻ってこないということにならざるを得なかった。これが原始仏教や阿毘達磨仏教の限界であった。

ところが大衆部は、仏はたとえ肉体を持っていたとしても、すでに仏である以上、一切の煩悩から解放されていると主張した。おそらくこの立場に立つ以上、覚りは肉体を持ったままで得られるとしたに違いないと想像される。

このように、部派には、大乗仏教に繋がるような主張をしたものもあったことが知られるが、はたして大乗仏教がここから発展したかについては、いまだ論証されていない。

【説一切有部の思想構造】

以上のように、大衆部の思想には興味深いものがあるが、残念ながら詳細はつかめない。また、大乗仏教が思想的なアンティテーゼとして措定したのは説一切有部の思想であり、これが部派仏教をリードしていたと考えられるので、この思想を中心に阿毘達磨仏教の思想を紹介してきた。この思想を、喩えをもって分かりやすく説明すると、次のようになる。

四種類の色(40)と七十二種類の形(41)をした微細な要素が無尽蔵に保存されていて、次から次へと湧いて出てくるドラえもんのポケットのような箱があって、この箱はそれらの要素を組み合わせてテレビのように映像を描きだすとしよう。画像は、私の一生を主題としたドラマである。

さて、主人公の私と、私をとりまく背景を、どのように描き出すかは、四種類の色と七十二種類の形をした微細な要素がどのように組み合わされるかにかかっている。この組み合わせを決めるのが六因四縁であって、その結果としての五果が画像となる。

しかし、その画像は一瞬(一刹那(42))のことで、次の瞬間にはその組み合わせはバラバラになって、画面から消えてしまう。そこで、ドラマとして動きのある画像を作るためには、一瞬ごとに微細な要素を組み合わせて、また新たな画像を作り出さなければならない。

しかし、われわれの意思や考えは絶えず変化しており、私をとりまく条件もいつも同じとは限らない。そのような変化する意思と条件によって画像は作られるから、一瞬ごとに画像は微妙に変化したものとなり、これらの画像を映画のフィルムのように連続して映し出すと、変化しながらも連続して、動いて見える。このようにして、私を主人公としたドラマは進行する。
このようなドラマの中の私が、美しく幸せであるためには、できるだけ色と形のよい要素を選び取ってきて、悪いものは捨て、均整よく組み合わせなければならない。この組み合わせを司るものが、六因四縁五果である。より良い組み合わせを得るために、私は仏教の教えに従って、正しく生きなければならない。こうして初めて、画像の中で私は美しく、生き生きと活動する。

【択滅無為】

しかし、真に幸せな私の姿を描くためには、これら四種類の色と七十二種類の形をした要素を組み合わせて作る画像では限界がある。きれいな色で、形よくは見えるけれども、現世の埃にまみれて、くすんでいる（有漏である）からである。だから本当の幸せは、すべての要素が組み合わせをしなくなった（択滅無為）、画像の裏面で描かれることになる。

【無常・無我】

ところで画面の中で、私はあたかも一個の実体があるもののように動き回っているが、その私は四種類の色と七十二種類の形をした微細な要素が集まって形成されたものにすぎない。アートマンと呼ばれるようなものが存在しているわけではないから「無我」である。しかも、その画像は一瞬ごとに組み合わさってはバラバラになってしまうから「無常」である。

【三世実有】

しかしこれら要素は、箱の中でバラバラの状態であった時（未来）も、集まってきて画像として現われた瞬間（現在）も、また解体されてバラバラになって（過去）からも、箱の中に保存されていて、要素としては存在するので「三世実有《さんぜじつう》」である。したがって、今まで覚りを煩悩が滅することと説明してきたが、厳密に言えば一切の要素は三世にわたって存在するのであるから、滅することはない。ただ、現在に縁起して私と私を中心とする世界には現われてこない、ということになる。

大乗仏教の世界観

【覚りの世界】

仏教の歴史は、原始仏教から阿毘達磨仏教を経て、大乗仏教に至ると大きく展開することとなった。大乗仏教は一転して、覚りの側から世界を見ることになったのである。したがって、覚りの世界も積極的に語られる。たとえば、阿弥陀仏の極楽浄土（43）は金や銀や瑠璃《るり》・玻璃《はり》・珊瑚《さんご》・瑪瑙《めのう》・硨磲《しゃこ》といった宝石の樹が生い茂っており、その中を風が吹き渡って妙なる音楽を奏する。また、池には黄金の砂や白銀・水晶の砂が敷きつめられていて、香り高い甘露のような水が湛えられている。空中には馥郁《ふくいく》とした香りが漂い、気温は心の思いのままに暖かくもなれば冷たくもなる（『無量寿経』）。

また『維摩経』には、人々が不動（阿閦）如来の妙喜世界（44）を見たいと望むので、仏国土の美しさや、そこに住する菩薩たちの光り輝くさまを見よと言って、神通力をもって右手でその世界全体を切り取り、人々の前に持ち来たったとされている（『維摩詰所説経』巻下）。

【小乗の観法】

このことは、大乗仏教とそれ以前の仏教において、坐禅で観察されるべきものを比較してみると、よりいっそう明確になる。現実の立場に立って、現実の「あるがまま」を「あるがまま」に見ることを基本とする初期仏教では、この現実の世界が無常であり、苦しみであり、無我であり、不浄であることを無常観・苦観・無我観・不浄観として観察することを勧めた。墓場に捨てられた死体が青白くなり、腐り爛れて蛆虫が湧き、皮肉が膨張し盛り上がって、膿や血が表面に現われ、風雨にさらされて形がくずれ、やがては白骨となっていくさまを観察することが行なわれた。これが、青瘀想《しょうおそう》・膿爛想《のうらんそう》などの九想観である。

【大乗の観法】

これに対して大乗仏教では、没する日を観じ、水の清らかなさまを観じ、宝石から成る大地を観じ、宝石でできた樹を観ずるなどする極楽浄土の十三観や、神々しい仏像を観じたり、仏の円満の境地を表わす月輪《がつりん》を観じたりする観法が主流になった。

衆生の立場に立って、衆生の側から見ようとする仏の世界は、想像を絶するものであった。そこで原始仏教や阿毘達磨仏教では、その世界は無為とか滅・解脱、あるいは涅槃という現実の否定態、あるいは現実の超絶態を表わす言葉をもってしか表現されず、覚りの世界が説明され、描写されることはなかった。現実と仏の世界のあいだには、超えることのできない溝があった。

ところが大乗仏教では、一転して仏＝覚りの立場から衆生を眺め、世界を見ることとなった。そうなれば、先に引用した蘇東坡の詩が「到得帰来無別事」と言うように、「娑婆即寂光土(45)」で、「何だ、迷いの世界も覚りの世界も、別に変わったところはないではないか」ということになって、埋めることのできないと思われていた溝が一挙に消えてしまうこととなった。

【大乗仏教の縁起説】

このことは、大乗仏教の縁起説が端的に表わしている。すなわち、原始仏教や阿毘達磨仏教では、縁起によって現実の苦しみの世界の成り立ちを説明しようとした。それが十二縁起説や六因四縁五果説であった。したがって、これらの縁起説では、覚りの世界は縁起の滅とされるか、縁起の埒外に置かれていた。ところが大乗仏教では、覚りの世界から迷いの世界が展開してきたという視点から縁起を説いた。その一つが、法界縁起《ほっかいえんぎ》とか重重無尽縁起《じゅうじゅうむじんえんぎ》と呼ばれる縁起説である。これらは中国においてまとめられたものであるが、もとはと言えば、初期大乗仏教の経典である『華厳経』(46)の世界観に基づいたものである。

法界は真如・覚りのことで、光に喩えられる。そして、これを人格化したのがサンスクリット語でヴァイローチャナ(Vairocana)という、「太陽の光」を意味する毘盧舎那仏《びるしゃなぶっ》である。法界縁起(47)は、この太陽の光が四方八方の世界の隅々にまで行き渡るように、この世界も仏の覚りから現われ出たものであり、この世間は仏の覚りでないものはない、ということを表わす。奈良・東大寺の大仏はこの毘盧舎那仏であり、これを中心として全国津々浦々に国分寺が作られたことを考え合わせれば、このイメージは理解しやすいであろう。

このように、この世界は一切のものがすべて仏と直接につながりあって、幾重にも無限に関係し合っているので重重無尽縁起(48)とも呼ばれる。それが因陀羅網《いんだらもう》に喩えられる。帝釈天《たいしゃくてん》(49)の天宮は、その結び目の一つ一つに珠玉が付けられている宝の網(これを因陀羅網と言う)によって飾られており、その一つの珠玉にはほかの一切の珠玉が映り、同時にその一つの珠玉はほかの一切の珠玉に映されている。このように、一つの現象がほかのすべての現象に反映し、ほかのすべての現象がただ一つの現象に反映し合っていることを「一即一切(50)」とか「一切即一」と言うのであって、法界縁起はこのようにすべての現象が重重無尽に関係し合いながら、それは仏の覚りから現われ出たものとする。

このように法界縁起では、覚りは縁起によって成り立っていない無為の世界どころか、すべての現象世界は仏の覚りから縁起したとされる。

【如来蔵縁起】

また、大乗仏教のもう一つの代表的な縁起説は、如来蔵思想に基づく縁起説である。従前の考え方によれば、迷いの世界と覚りの世界、凡夫と仏は隔絶したものと捉えられていたが、そうではなく、一切の衆生の中には如来の胎児として如来となりうる可能性を蔵するとともに、如来はその母体に衆生を蔵しているのであって、これを如来蔵と言う。したがって、現象として現われた清らかなものも汚れたものも、阿頼耶識から世界が展開してくるように、すべてこの如来蔵に淵源を有することになるから、これを如来蔵縁起(51)と呼ぶ。

水は、その性質として本来清らかであるとも濁っているとも言えない。ただ汚れているか澄んでいるかで、清・濁という仮の呼び方が生じる。もし泥に濁らされれば、そのために水は澄んでいないが、それでも水の清らかさが失われたわけではないから、泥が静まれば水は清らかさを取り戻す。だから、水の清らかさと濁りとは、本来の水の性質そのものではない。これと同様に、凡夫としての状態にある仏性も、覚りの果を得た仏身も、同一であって異なったものではなく、一切は如来蔵から縁起している、と言うのである。

したがって、この縁起説もやはり覚りの側から世界を見たもので、迷いの世界と覚りの世界を連続的に見ているることになる。いやむしろ、連続的に見るというよりも、迷いと覚りとはもともと一つと捉えられていると言ったほうがよい。それ故にこそ煩悩即菩提・娑婆即寂光土と言われるのである。

以上のことを別の視点から見ると、次のようになる。原始仏教や部派仏教の教えの基本的な構造は、智慧によって煩悩を断じるところに覚りが現われるというものであった。ところが、大乗仏教は「煩悩を断ぜずして覚りを得る(52)」(『教行信証』(53))と教える。

また、原始仏教や部派仏教の覚りは、滅・解脱・無為と表現される冷ややかで活動しない《寂静》の境地であったが、大乗仏教の覚りは生々躍動する。いやむしろ、涅槃にはそのような非活動的な《死》のイメージがつきまとうから、大乗仏教では涅槃というイメージを避けようとした。

【仏になる】

余談になるが、俗に「仏になる」という言葉は人の死ぬことを意味し、「お釈迦になる」はものが壊れ働かなくなること、「往生する」は身動きがとれずにニッチもサッチもいかなくなることを意味する。本来は覚りを表わす仏教語が、一般用語となると死やものの壊れることなどマイナス・イメージを持つことになったのは、そうした原始仏教や阿毘達磨仏教の涅槃が、働きのない死のイメージに繋がるものであったからであろう。

そこで大乗仏教では、無住処涅槃（54）として覚っても涅槃には住しないという覚りが尊重され、また涅槃に入らないで衆生を救済する働きを有する、さまざまな菩薩が登場することになった。

色即是空

このように、大乗仏教は迷いの世界と覚りの世界を区別せずに、二つの世界を合わせたすべての世界を、覚りのほうから見ようとした。それはなぜであろうか。

そもそも原始仏教は、私の生老病死の苦しみを解決しようとして出発した。それは釈尊の一生を伝える仏伝文学が、出家の動機を「四門出遊《しもんしゅつゆう》（55）」の伝説で物語るところに象徴的に示されている。「四門出遊」は釈尊の出家の動機を老・病・死の解決のためであったとするのである。そして、その結果発見された苦しみの解決法は、その私たちの苦しみの実相を「あるがまま」に見るということであった。もちろん、実相を如実知見する智は無分別智であって、世俗の智ではない。そうした智で知られた現実は一切行苦であって、苦・楽が相対する世界ではなかった。人間の肉体や精神活動の中には、すでに煩悩が混入してしまっているのであるから、はたして煩悩に汚された善が本当の善と言えるであろうか、と反省しなければならない世界であった。

しかし、現実に実践せよと示されたのは、「諸悪莫作、衆善奉行」であったし、次章に述べるように、「善を行ないなさい、そうすれば楽を得ることができる。悪をなしてはなりません、苦しみに沈むことになるから」という「業」であった。要するに、善悪や苦楽を分別する分別智に訴えかけられているのである。その理由は、釈尊が説法を躊躇され、甚深難解《じんじんなんげ》(56)として「来たり、見よ」と示されなかったように、縁起の理法の立場に立ってものを言うと、「絶対不変」という縁起の理法にもとりかねないような、袋小路に入り込まざるを得ないからであった。

【無分別を分別で説こうとする矛盾】

もちろん、原始仏教の教えを忠実に伝えることをモットーとする阿毘達磨仏教も、これを継承したから、無分別智を獲得することを目標にしながら、分別智に訴えかけるという矛盾を解決することはできなかった。それは靴を隔てて痒《かゆ》いところを掻くような、もどかしいものであった。

【欣求浄土】

そこで大乗仏教は、一転して覚りの世界を説くことになった。「厭離穢土《おんりえど》」を説いて如実知見を促すよりも、「欣求浄土《ごんぐじょうど》」を説いたほうが、如実知見は得やすいと考えた。また、大乗仏教が原始仏教や阿毘達磨仏教の俗諦(世俗諦)の立場で思想を形成することに限界を感じ、それを捨てて真諦(勝義諦)のほうに立場を変えたとすることもできる。

大乗仏教が従前の仏教を小乗とさげすみ、自ら大乗を名乗った最初の経典は『般若経』(57)である。『般若経』は、六波羅蜜という大乗の菩薩の修すべき六つの徳目の最後に挙げられる般若波羅蜜を主題としたものであり、そのフルネームを『般若波羅蜜経』と言う。般若は真実の《智慧》を意味し、波羅蜜は《完成》を意味するから、『般若経』は《智慧の完成》あるいは《完成された智慧》を主題とする。《完成された智慧》とは仏の智慧であり、もちろん無分別智のことであるから、『般若経』は初めから仏の智慧、無分別智、すなわち覚りの境地を示すことを主題としたのである。

【真諦】

しかし、真諦の立場に立つということは、本来言葉では語れない縁起としての立場を語る何らかの方法を見出していなければならなかったはずである。しかし大乗経典も、それが言葉で語られている限り、その試みが成功したかどうかはおぼつかない。確かに、大乗仏教の経典の言葉は、単なる意味の伝達手段ではなく、真言・陀羅尼(58)のように、それ自体に霊妙な力が備わり、また書写・読誦などによってもそれが伝達されるものとされている。しかし、それは超合理的な世界であって証明できるようなものではない。

【筏喩】

仏教聖典の中に「筏喩《ばつゆ》(59)」という有名な譬喩《ひゆ》がある。ある旅人が、旅の途中で大河に道を阻《はば》まれた。

ところが、渡し舟もなく、橋もなく、さりとて泳いで渡れるほどの河ではない。しかも、背後から猛獣や盗賊が迫ってきて危険であり、一刻も早く河を渡らなければならない。そこで旅人は、大急ぎで木や草を集めて筏《いかだ》を作り、これに乗って安全に向こう岸に渡ることができた。そこで、この旅人は考えた。『この筏は有益で、このお陰で安全に河を渡ることができた。だから、頭に載せ、肩に担いでいこう』と。だが、はたしてこのようにすることは正しいであろうか。筏がいかに有益であったとはいえ、渡り終わったならば、捨てて立ち去るべきである。

そうしてこの「筏喩」は、

当《まさ》に以《も》って法もまた捨てられるべきである。

という言葉で締めくくられる。

【俗諦門的立場】

ここに言う捨てられるべき「法」はさまざまに解釈されうるであろうが、今まで述べてきたことに当てはめると、もっとも理解しやすい。すなわち、仏教は言葉を用いて説法し、《無分別智》の世界に到達させようとする。しかし、向こう岸に至り着いたら、分別智に訴えかけた道具は捨て去らなければならない。しかし、向こう岸のありさまを伝えるためにはどうしたらよいのであろうか。

【死屍を焼く】

また、仏典には「人の死屍《しし》を焼く（60）とき、杖を取って転側し、しかる後に杖も焼くがごとし」（『雑阿毘曇心論』巻九）という比喩も見られる。死体を焼いたら、死体を転がした杖も焼かなければならない。しかし、死体を焼くためには、どうしても杖は必要である。

このように大乗仏教でも、根本的な解決法を見出せなかったから、そこで万巻の経典を説いた。そこでしかしこに「言語道断」「言詮不及」「不立文字」「教外別伝」などという警句をちりばめながら。

【言葉以上の伝達手段】

余談であるが、現在の情報伝達の技術は、釈尊時代は言うに及ばず、百年前には想像もできないほどに発達している。百年前には不特定多数の相手に情報を伝達するには、活字を用いるしか方法はなかったが、現在では音声や映像をラジオ、テレビ、映画あるいはインターネットを使って自由自在に発信することができる。またコンピューターの発達で、音でも映像でもその質は飛躍的に高まった。釈尊の時代には、釈尊はその身の周りにいる弟子たちに、自分の生きざまをもって法を示すことしかできなかった。しかし現在は、方法は限りなく広がっている。何も限界のある言葉にしがみついている必要はない。もし『仏説新世紀経』が作られるなら、こうした形で作られるであろう。仏教に伝えるべきものがあれば、これを大いに活用すべきである。ところが寡聞にして仏教教団の中に、こうした言葉以上の情報伝達手段を積極的に活用しようという試みがあるのを聞かない。あるいは、もはや法滅の時代になって、伝えるべき法もなくなったのであろうか。

しかしともかく、大乗仏教経典が製作されたときには、こうした言葉を超えるような情報の伝達手段はなかった。音楽や絵画や演劇なども活用されたであろうが、それは大量の情報を、何百万、何千万の大衆に、いつでもどこでも伝えうるというようなものではなかった。

だから言葉を使って、仏の世界をどれだけ伝え得たかについては、いささかの疑問を覚えざるを得ないが、しかし大乗仏教は果敢にも、無分別の覚りの世界を、分別世界の象徴のような言葉をもって伝えたいという壮大な試みに挑戦したわけである。

【空】

ここのところを、「空」を通して考えてみよう。原始仏教では、現実の私たちの主体を中心とした世界観によって、迷いの衆生は生まれ、老い、病気し、死ななければならないものとしてあり、したがって色・受・想・行・識の五取蘊は無常であり、苦しみであり、無我であると示され、これを「あるがまま」に知見することが勧められた。そして、こうしたあり方を解決できないのは、分別智に裏づけられた生存に対する盲目的な欲望としての無明や渇愛があるからであるとして、十二縁起説が説かれた。

『般若心経』(61)は、こうした仏教の伝統に則って、色即是空、空即是色、受想行識亦復如是。

とした。色受想行識が空であるというのは、色受想行識が無常であり、苦であり、無我であると言うのと同じ次元である。ところが『般若心経』はさらに続けて、

無明もなく、また無明の尽きることもなく、乃至老死もなく、また老死の尽きることもなく、苦・集・滅・道もない。

と言う。

【苦・集・滅・道もない】

原始仏教の段階では、色受想行識が無常であり、苦であり、無我であったのは、無明(62)等によって老死があったからである。だから、もし無明が尽きれば老死も尽きて、無常・苦・無我も解決されて、寂滅なる涅槃が得られる、とする。そこで、苦・集・滅・道という四諦の教えも形成されたのであるが、ここでは無明の尽きることも老死の尽きることもなく、したがって苦も集も滅も道もない、と言うのである。

十二縁起説は、善とか悪とかと分別をなす「無明」があるが故に、生老死の苦しみが生じるというのに、そもそも色受想行識と分類するのも、苦集滅道と分けるのも、十二の項目を立てるのも、みんな「分別」じゃないか、こうした「分別」を残しておいて「無分別」が得られるわけはないじゃないか、と言う

わけである。
以上のように、『般若心経』は分別智による分類や、迷いと覚りを区分するといった、原始仏教や阿毘達磨仏教の出発点を拒否したのである。こうした大乗仏教の立場を《空》と言うのであるが、この空を大乗仏教では次のような比喩で解説する。

【無我】

原始仏教や阿毘達磨仏教は「あるがまま」の姿を《無我》と言うけれども、しかし色受想行識といった要素を認めるから、いまだ究極の到達点に至っているとは言えない。阿毘達磨仏教では無我を説明するのに、「家は柱や梁《はり》や屋根などの、さまざまな要素が集まって仮に家という姿を保っているだけにすぎない。したがって、家という独立自存するものはない」という比喩を用いる。

しかしながら、それでは柱や梁という要素を認めるので不十分である。故に、ガンダルヴァ(63)城（乾闥婆城）の比喩を用いなければならない。ガンダルヴァ城とは天上に住む妖精の城であって、蜃気楼のように太陽に照らされると跡形もなく消えてしまう。そこには、柱とか梁といった要素さえも認められない。これが大乗仏教の空である、と。

もちろん、このような見方の根底には縁起の理法があることは言うまでもない。一切のものは、さまざまな条件や関係によって成り立っているとすれば、阿毘達磨仏教が要素として認めた柱や梁といったものも、それらは木材や釘《くぎ》、あるいは大工さんの力といったものによって初めて成り立っているのであるから、縁起によって成り立っていないものは一つもない。一切のものが無数の条件や関係の上に成り立っているのであるから、一つの視点からの分類が許されるはずもなく、迷いと覚りを区分する根拠もないことになる。

【無自性】

そこで『般若心経』は、色・受・想・行・識はおろか、苦諦も滅諦も、無明も無明の滅も、老死も老死の滅も、それぞれ無自性《むじしょう》であって「空」であるとしたのである。無自性とは、そのものがそれ自体として、独立して存在できないという意味で、家を構成する柱や梁や屋根さえも独自には存在し得ず、因縁によって成り立っていないものはない、という意味である。だから、迷いと覚りを隔絶したものと捉えるとすれば、そこに自性を認めることになって正しくない。迷いも空であれば、覚りも空であるから、煩悩即菩提・娑婆即寂光土となる。あるいは、一即多・多即一、平等即差別ともなる。もちろん、こうしたことが言えるのは、分別智を超えた無分別智たる仏の智慧をもととしているからである。原始仏教や阿毘達磨仏教のように、世俗の智慧に訴えかけようとしたものではない。大乗仏教が神秘的な色彩を帯び、超合理の世界を説くのは、こうした理由による。

そして、こうした立場に立つ限り、迷いと覚りを二分することは自己矛盾となり、そこでその世界観は迷いも覚りも総合したものとならざるを得ない。こうしたものの見方の転回が、世界観をも大きく転回させたのである。

空即是色

ところが、『般若心経』の文章には、もう一つ注目すべき大事な事柄がある。それは、

色即是空

と示されたのち、これを裏返して、

空即是色

と示されることである。

そこで思い返していただきたい。本当の智慧は無分別智であり、また個別的・具体的である「あるがまま」を、個別的・具体的に知ることでもあったということを。あるいは、一切のものを平等に知るという一切智・根本智よりも一切種智(64)や後得智のほうが尊重されたことを。

【色即是空・空即是色】

「色即是空」と示されたのちに、さらに「空即是色」と言われるのは、無分別智によれば一切を色・

受・想・行・識というように分別することは許されないとはいうものの、それは決して色・受・行・想・識が消えてしまって空一色になったわけではない、ということを表わす。一切をそれぞれの特殊性・特徴で捉えて一面的・相対的に分類することを拒否するとは言っても、反面では色は色として、受は受としての個別的・具体的な特徴を備えているという事実には相違がない。一切が空だからといって、とたんに善が悪となり、悪が善になるわけではない。煩悩が文字どおりそのままで覚りであるわけはない。といって、もちろん裏返された色は、決してもとの相対的認識のもとに分類された色ではない。個別的・具体的な「あるがまま」が「あるがまま」に見られた、すなわち一切種智や後得智で捉えられた色である。第一章で引用したヴァスバンドゥ（世親）の『摂大乗論釈』[65]が言うように、一切に遍満する虚空の中に、さまざまな色や形が現われるように現われた色や受なのである。

【三諦円融】

そこで中国では、「三諦円融《さんたいえんにゅう》」という言葉も生まれた。中国天台宗の開祖である智顗《ちぎ》[66]の創唱したもので、空諦・仮諦・中諦を言う。真諦から言えば、「あるがまま」は縁起によって成り立っているから独立自存するものはない、だから「空」である。しかし、現実の世俗諦のレベルでは、色も受も想も存在し、これもまた「あるがまま」の姿である。しかし、かりそめに現われているにすぎないから「仮《け》」である。だから「空」とのみ見るのでは不十分であり、といって「仮」にもとらわれてはならない、その両方からバランスよく見るのが、本当の「あるがまま」のものの見方であって、こうしたものの見方によって見られた「あるがまま」の姿を「中」と言う。これらはすべて「あるがまま」の実相にほかならないから「三諦」と言い、しかも融合しあって別のものではないから「円融」と言う。『般若心経』の「色即是空」が空諦に当たり、「空即是色」が仮諦に当たり、これらを総合した「色即是空、空即是色」が中諦に当たると解釈すれば分かりやすい。

【煩悩即菩提】

もちろん、煩悩即菩提というのも、このような次元で語られたものである。だから、これを額面どおりに受け取ると大変なことになる。煩悩がそのまま菩提[67]なのであるから、今の私そのままが仏であり、したがって修行する必要がないどころか、何をしても許されるという、とんでもない考えにも陥りかねないからである。

【煩悩は煩悩、菩提は菩提】

私たち衆生は迷っており、後得智はおろか無分別智も得ていないのであるから、分別の範囲ではあくまでも煩悩は煩悩であって、菩提ではないということを十分に承知しておかなければならない。むしろ、煩悩は煩悩として断じられるべきもの、菩提は菩提として証せられるべきものという、現実に根を下ろした反省がなければ、それを超克して無分別たる覚りを得たいという痛切な願いも生じてこない。

そこで、現実の立場に立って、煩悩の煩悩たる所以、菩提の菩提たる所以を追究するという側面に訴えて、五取蘊は無常・苦・無我であり、覚りはそれらの寂滅であると説くことも無意味ではない。現実にすわりを置き、分別智の所産である言葉を使う必要も生じることになる。

【中道】

したがって、大乗仏教といえども、真諦の立場のみに固執することは否定されなければならない。真諦と俗諦とが車の両輪のように相助け合って、初めて覚りという目的地に到達できる。こうした立場のことを、ナーガールジュナは中道《ちゅうどう》と名づけた。ナーガールジュナの説こうとしたこと、強調しようとしたことは、真諦よりも、むしろこの中道だったのである。そこで、彼の主著は『中論《ちゅうろん》』(68)と名づけられ、彼を派祖とする大乗仏教の最も主要な学派の一つを中観派《ちゅうがんは》(69)と言う。

これまでの説明から、原始仏教や阿毘達磨仏教に対して、大乗仏教がまったく立脚点を異にした世界観を持っている理由が分かっていただけたと思う。そうとすれば、これまで保留してあった人間観と仏・菩薩観の相違のよって来たる原因もまた分かっていただけるであろう。

たとえば、明るい陽射しの降り注ぐ窓際に、一人の男が立っているとしよう。これを部屋の中から見ると、男の影になった背中を見ることになり、黒ずんで寂しい姿に映る。しかしながら、表からこれを見ると、陽光に輝く明るい前面を見ることになり、希望に満ちあふれて生き生きとした姿と映るであろう。

初期仏教は影となった男の背中を見て苦しみや無常・無我としたのであり、大乗仏教は陽射しの当たる前面を見て仏性のあるものとしたのである。しかしながら、同じ一人の男を見たのであるから、決してこの二つの見方は矛盾しているわけではない。ただ、初期仏教は人間の影の部分を示したほうが「あるがまま」を「あるがまま」に見ることに近づきやすいと考えたのであり、大乗仏教は人間の陽の当たる部分を示したほうがより近道と考えたと言えるであろう。

【陰と陽】

このことは仏陀観についても言えるのであって、影の中から太陽の降り注ぐ往来に出るのさえまぶしいのに、太陽を見るなどは及びもつかないであろう。いやむしろ、太陽をじかに見ると、目を痛める危険性さえある。そこで初期仏教では、仏陀や覚りを超越的なものとして、まともに議論に上せなかった。ところが、大乗仏教はその太陽の立場に立っているのであるから、太陽が太陽を語るのは当然であり、そこで仏の境地や仏の国土などをどんどん示した。また、太陽から見るとすべての世界は影のない平等で明るい世界であって、むしろ自ら降り注いだ光の世界なのであるから、仏も凡夫も一体の世界と観じられたのである。

（1）**五蘊**　第二章「無我は覚りの境地か」参照。
（2）**六六法**　一般の仏教辞典に出ているような用語ではないが、『雑阿含経』第三〇四経には「六六法」という言葉が使われている。
（3）**色**　この場合の色は物質一般を指すのではなく、目で見られる対象を言う。すなわち、いろと形を持つものと定義される。なお、次の声・香・味・触も物質であり、広い意味の「色」に含まれる。仏教聖典では、一つの言葉がこのように重層的に使われることが多いので、注意を要する。
（4）**触**　冷たいとかザラザラしているという感触を催させる要素。したがってこの触は、接触一般を意味する十二縁起中の触や六六法の一つの柱である眼触や耳触・鼻触・舌触・身触・意触の触とは異なる。これらは精神作用に属する。この語も重層的な意味を有するわけである。
（5）**法**　ここでの法は、意識の対象である抽象的概念を意味する。
（6）**十二縁起説**　説一切有部は、これを有情が輪廻の苦しみを繰り返すメカニズムとして、過去・現在・未来の三世にわたって二つの因果が重なり合うものと解釈した。三世両重因果と言う。無明・行が過去世の因、識・名色・六処・触・受が現在世の果、愛・取・有が現在世の因、生・老死が未来世の果とし、これが解脱するまで繰り返されるとする。

（7）**アートマン**　「我」と訳される。もともと、ātman、は「気息」を意味したが、それが生命を担うものとして自覚され、後に個体を維持する実体的なものを意味するようになった。仏教では常・一・主・宰の四つの義を有するものと解されている。ウパニシャッド哲学では、これが宇宙の存在原理であるブラフマン(brahman)と一つであると主張された。これを「梵我一如」と言う。

（8）**項目**　「無明」とか「行」といった項目。これを「支分」と言い、五支縁起とか九支縁起と呼ばれる。「十二縁起」は「十二支縁起」のことである。

（9）**アショーカ王**　パーリ語ではアソーカと言い、漢訳では阿育・無憂と表わされる。インド半島に初めての統一国家を建設したが、領土拡大のために血なまぐさい戦争をしたことを悔い、統治に当たっては仏教のダルマをもってしようとした。そこで各地に石に刻んだ法勅を発布し、これが貴重な歴史資料となっている。また、ギリシアやエジプトまで法の使節を派遣した。仏教も王の手厚い保護によって、北インドやスリランカ、ミャンマーまでも広がり、これが部派の分裂を促したとも考えられる。

（10）**アビダルマ**　第二章の最後「阿毘達磨仏教」を参照。

（11）**パーリ仏教**　スリランカ、ミャンマー、タイ、カンボジア、ラオスに伝わった仏教で、俗に南方上座部と言い、正確には分別説部と言う。また現在の南方仏教は「上座仏教」とか「南伝仏教」と呼ばれている。ちなみに、ヴェトナムは中国から伝わった大乗仏教である。

（12）**説一切有部**　’Sarvāstivā-da’の訳。’sarva’＝一切、’asti’＝ある、’vāda’＝説、と分解される。一切の要素は過去・現在・未来の三世にわたって実有である、と説く。これに対して大乗仏教は、一切の要素は「空」であると説いた。
（13）**六派哲学**　ミーマーンサー（Mīmaṃsā）、ヴァイシェーシカ（Vaiśeṣika）、ニヤーヤ（Nyāya）、サーンキヤ（Sāṅkya）、ヨーガ（Yoga）、ヴェーダーンタ（Vedānta）の六つの学派を言う。
（14）**グプタ王朝**　チャンドラグプタ一世によって創始された。マウリヤ王朝以来の統一国家で、インドの伝統文化復興を目指し、サンスクリット語を公用語とし、ヒンドゥー教を国教と定めた。中期大乗仏教時代は、この王朝のもとで栄え、仏教大学として有名なナーランダー寺院も、この王朝の支援のもとに建設された。
（15）**有為**　’saṃskṛta’の訳で、因縁によって「作られたもの」を意味する。詳しくは第二章「無我は覚りの境地か」参照。
（16）**色法**　物質的要素。
（17）**心法**　認識。本書では「心」と呼ぶ。
（18）**心所法**　認識以外の精神作用。意思・感情・感覚などが含まれる。「心所」とは「心に属するもの」の意で、心を「心王」とも呼ぶ。「心所」は常に「心」と共に働く。
（19）**大地法**　「心」が働いているときには、いつも働いている精神作用。

（20）**大善地法**　「善心」が働いているときには、いつも働いている精神作用。
（21）**大煩悩地法**　「汚れている心」が働いているときには、いつも働いている精神作用。
（22）**大不善地法**　「不善心」が働いているときには、いつも働いている精神作用。
（23）**小煩悩地法**　「特定の汚れた心」が働いているときには、いつも働いている精神作用。
（24）**不定地法**　上記の五種以外の精神作用。
（25）**心不相応行法**　色法でも心・心所法でもない要素で、五蘊で言えば行蘊に属する。
（26）**無為**　’asaṃskṛta’の訳で、因縁によって「作られたものでないもの」を意味する。「有為」の対語。詳しくは第二章「無我は覚りの境地か」参照。
（27）**四大と極微**　四大の「大」は’bhūta’の訳で、元素を意味する。極微は’para-ma-aṇu’の訳で、これが七つ集まって’aṇu’（微塵）となる。大きな物質はこのようにして段々に形成されるとする。第一章の最後を参照。
（28）**地・水・火・風**　地は堅さを性質として、ものを保持する働きを持ち、水は湿り気を性質として、ものを収め取る働きを持ち、火は暖かさを性質として、ものを成熟させる働きを持ち、風は動きを性質として、ものを成長させる働きを持つ、とされる。
（29）**所縁縁**　「所縁」は視覚の対象である物、聴覚の対象である声や音など、認識の対象を言う。「所縁縁」はこうした対象があることによって認識が成立するという関係を言う。

（30）**無間縁**　'samananta-ra-pratyaya'の訳。'sama-nantara'は「間隙のない」「中間のない」ことを意味する。前の心作用と後の心作用の間に隔てるものがないことを表わす。

（31）**阿頼耶識**　阿頼耶は'ālaya'の音写。貯蔵所を意味するので「蔵識」と意訳される。「蔵」には、一切諸法を現わし出す可能性（これを種子と言う）を有するという「能蔵」の意と、その影響が結果として蓄積（これを熏習《くんじゅう》と言う）されるという「所蔵」の意と、これが「我」と執着されるという「執蔵」の三つの意があるとされる。眼耳鼻舌身意を六識と言い、第七番目の識は末那識と呼ばれる。この末那識が阿頼耶識を我と執着するところから世界の展開が始まる。

（32）**瑜伽行派**　中観派と並ぶインド大乗仏教の学派の一つ。ヨーガ（禅定）によって唯識の理を体得することを目指す。弥勒を祖とし、無著（四世紀ごろ）・世親（四～五世紀ごろ）の兄弟によって教理が大成された。

（33）**未来・現在・過去**　説一切有部では、未来にある要素が因縁によって現在に現われ、一瞬の後に過去へと過ぎ去って行くと考えた。そこで時間は未来↓現在↓過去と流れる。

（34）**一切法無我**　無我が一切法について言われ、無常が一切行について言われるのは、「法」は一切のものをスタティックに捉えたもので、「行」はダイナミックに捉えたものと考えられる。しかし一切法は無為法も含むが、一切行は無為法を含まず、有為法のみを指すと定義されることもある。

（35）**一切行無常**　「一切法無我」の解説参照。

（36）**『阿毘達磨大毘婆沙論』**　第二章の最後を参照。

（37）**択滅無為**　智慧の持つ力を簡択力《けんちゃくりき》と呼び、これによって迷いの生存を滅した涅槃を言う。

（38）**見惑・修惑**　説一切有部の修行道では、理知的な煩悩を断じる位を「見道」と言い、習慣的な煩悩を断じる位を「修道《しゅどう》」と言い、すでに断じ尽くして断じるものがない位を「無学道」と言う。「見惑」は見道で断じられる煩悩、「修惑」は修道で断じられる煩悩という意である。

（39）**本性清浄**　心性本浄とも言う。詳しくは89ページの頭注参照。

（40）**四種類の色**　無為法を除く色法・心法・心所法・心不相応行法を喩えたもの。

（41）**七十二種類の形**　五位七十五法のうち無為の三法を除く有為法。

（42）**刹那**　時間の最小単位で、すべての要素は、一刹那のうちに生・住・異・滅するとされる。『倶舎論』の記述をもとに計算すると、一刹那は〇・〇一三三秒になる。

（43）**極楽浄土**　阿弥陀仏の浄土で、西方十万億の仏国土を過ぎたかなたにあるとされる。一心に「南無阿弥陀仏」と念仏すると、この仏の力（他力）によってこの世界に生まれることができるというのが浄土教の信仰である。

（44）**妙喜世界**　第三章の最後を参照。

（45）**娑婆即寂光土**　娑婆は、sahā、の音写で、「忍土」とか「堪忍土」と訳される。この世界の衆生は、さまざまな苦悩に耐え忍ばなければならないという意。寂光土は「常寂光土」のことで、常住の浄土を言う。

（46）**『華厳経』**　正確には『大方広仏華厳経』と言う。初期大乗仏教経典の一つで、菩提樹下で覚りを開いた仏の、その覚りの内容を説いたもの。

（47）**法界縁起**　『華厳経』の思想を表わしたものであるが、この言葉自体は中国の華厳宗において作られた。

（48）**重重無尽縁起**　法界縁起を別の言葉で言い表わしたもの。

（49）**帝釈天**　インド神話のインドラに当たる。インドラは神々の帝王で、Sakka、という名を持つので、「帝釈」と漢訳された。須弥山の頂にある喜見城に住む。

（50）**一即一切**　第三章の最後を参照。

（51）**如来蔵縁起**　中国華厳宗第三祖の法蔵（六四三〜七一二）の『起信論義記』巻上、『入楞伽経心玄義』にこの言葉が使われている。

（52）**不断煩悩得涅槃**　第五章の最後「親鸞」を参照。

（53）**『教行信証』**　親鸞（一一七三〜一二六二）の主著で、フルネームは『顕浄土真実教行証文類』と言う。

（54）**無住処涅槃**　これを象徴する菩薩は地蔵菩薩で、この菩薩は一切衆生を救済し尽くすまでは、自らは成仏しないとされる。　第三章の最後「観世音菩薩など」を参照。

（55）**四門出遊**　釈尊の父親である浄飯王《じょうぼんのう》は、釈尊が出家して王位を捨てるのではないかと恐れて用心していたが、園遊に行こうと四つの門を出た釈尊に、帝釈天が老人、病人、死人となって人生の苦しみを自覚させ、最後に沙門に会わせて、出家を願うようになったとする伝説。

（56）**甚深難解**　あまりに深遠すぎて理解しがたいこと。

（57）**『般若経』**　初期大乗仏教経典の一つ。『大般若経』六百巻という大きなものから、わずか二六八文字の『般若心経』まで、種々の『般若経』があるが、その説くところは「空」に極まる。

（58）**真言・陀羅尼**　第一章の最後「陀羅尼」を参照。

（59）**筏喩**　『中阿含経』巻五四、『増一阿含経』巻三九、『婆沙論』巻七七・八三・九七、『倶舎論』巻二八、『金剛般若経』、『般若灯論』巻八、『大乗荘厳経論』巻六、『究竟一乗宝性論』巻二などに見られる。

（60）**死屍を焼く**　インドでは古くから土葬とともに火葬がなされていた。これを荼毘と言い、釈尊の遺体も荼毘に付された。荼毘に付すことをパーリ語では'jhāpeti'と言い、これは「燃える」という意の'jhāyati'の使役形であるが、'jhāyati'は「禅定」や「三昧」という意味も持つので、火葬場のことを「三昧」と呼ぶようになったものと考えられる。ただし別の解釈もある（中村元著『佛教語大辞典』490ページ上）。

（61）**『般若心経』**　第五章「第三章の最後を」参照。

（62）**無明**　「あるがまま」を　第二章「無我は覚りの境地か」に知るという本当の智慧がないこと。

（63）**ガンダルヴァ**　インド神話では天女アプサラスの配偶神で、その結合は結婚・多産の象徴とされる。仏教では天上の楽神とされ、香りを食う者として「食香」とも訳される。
（64）**一切種智**　後得智とともに、36ページの本文参照。
（65）**『摂大乗論釈』**　兄のアサンガ（無著）が著わした、唯識思想を基礎とした大乗仏教の綱要書である『摂大乗論』に、弟のヴァスバンドゥが注釈をつけたもの。
（66）**智顗**　五三八〜五九七年。『法華経』の教えと、修行としての坐禅を双修すべきことを説いた。著書の中の『法華文句』『法華玄義』『摩訶止観』は天台三大部と称される。
（67）**菩提**　'bodhi'の音写。「覚り」特に「仏の覚り」を意味する。
（68）**『中論』**　漢訳『中論』は、ナーガールジュナの著わした"Madhya-maka-kāri-kā"に青目《しょうもく》（Piṅgala）が注釈を付したものを、鳩摩羅什（三四四〜四一三）が訳した。四巻。
（69）**中観派**　学派としての中観派は、瑜伽行派に対抗して形成されたものであるから、六世紀初めまで下る。後にさらに、プラーサンギカ派とスヴァータントリカ派に分かれた。前者はナーガールジュナのプラサンガ論法をもってしか空は証明されないとして、特定の主張をしなかったが、後者はそれを論証できるとした。

第五章　仏教の人生観

【行為論】

人間は、この世に偶然に生まれてきたのではない。また、神の命ずるところに従って生まれてきたのでもなく、といって運命として定められていたのでもない。仏教は、これらを無因無縁論（1）・尊祐論《そんゆうろん》（2）・宿命造論《しゅくみょうぞうろん》（3）として否定し、自らの立場を業論《ごうろん》・行為論・努力論と称した。簡単に言うと、「人間はこの世に自分の意思によって生まれてきた」と言う。したがって、自分の人生は自分で責任を持たなければならない、というのが仏教の人生観の基本である。

【人は自分の意思で生まれてくる】

これは前世からこの世に生まれてくるという、大きなタイムスパンでの議論であるが、日常生活に適用すると、幸福になるのもならないのも本人の行ない次第ということになる。確かに、両親や周りの人たちから影響も受けようし、政治や経済といった社会の情勢によって翻弄されるということもあろう。しかし、両親や友人たちからの影響は、結局、主体的には自分が受け取っているわけであり、社会の情勢も自分を含めた多くの人々の意思によって動かしているのであって、決して社会が勝手に動いているわけではない。人間は自分で幸福になろうと思い、そのように行動すれば本当に幸福になれる、と言うのである。

それは自然界でも同じであって、樹木を伐採して後に植栽をしなければ、当然のことながら禿山となって、ちょっとした雨で山崩れを起こすとか、工場廃水を垂れ流せば死の海となって魚も棲まないということになる。フロンガスを野放しにするとオゾン層を破壊して人体に悪影響を及ぼし、人間の営みの結果放出された煙やほこり、熱帯雨林の破壊は地球の気候をも変えてしまう。要するに、それらは自然の摂理などではなく、人間の行なった悪行の結果である。

このように、自然や社会でさえも、私を含む全世界の人々の営みによって動いているのであり、それらは一に私たちの意思や行動にかかっている。

仏教は以上のように、この世に生まれてきて、幸せとなり、よりよい社会を作り、快的な自然環境を保つのは、すべて私たちの意思と行動によるのだと説いた。これが「業」の思想である。

【カルマ】

そこで、しばらく業の思想をきちんと解説することにしよう。業という言葉のサンスクリット語は"karma"（カルマ）であって、「なす」「作る」という意味の動詞からきている。したがって、業は平たく言えば「行為」を意味する。しかしながら、業という語が仏教熟語として用いられると、当然のことな

がらもう少し限定されることになる。仏教学的には、

明確な意思を持ってなされた善あるいは悪の行為であって、結果として苦や楽を招くもの。

と定義される。

【明確な意思】

業が「明確な意思」を持った行為というのは、こういうことである。行為は身体で行なう身業《しんごう》と、口で行なう口業《くごう》、意思として現われる意業《いごう》の三つに分けられるが、有名な原始経典の『ダンマパダ』(4)が、

あらゆるものは意思を先とし、意思を主とし、意思より成る。もし邪悪な意思によって語り、あるいは行なえば、その故をもって彼に苦しみが従う。あたかも、車輪が引きつつあるものの足跡に従うように。

あらゆるものは意思を先とし、意思を主とし、意思より成る。もし清らかな意思によって語り、あるいは行なえば、その故をもって彼に楽が従う。あたかも、影が離れずにつき従うように。

と言うように、意思が行為に先立つということは誰でも納得するところであろう。夢を見て寝言を言うとか、心神耗衰して我を忘れてぼんやりと街をさまようというようなことはあるが、それは私にとって、本当に責任を持てる行為とは言えない。車を運転していて、不意に路地から飛び出してきた子供を、心ならずも轢《ひ》き殺してしまったとしようか。このような意思を伴わない殺人と、金品ほしさに強盗殺人を

行なうのとは、同じ殺人行為であったとしても、その中身には雲泥の差がある。

業は行為論・努力論として立てられた思想であるから、自分が責任を持たなければならない行為を「業」と言うのであって、自分が責任を持たなければならないのは、自発的な意思に基づく行為である。

【善か悪の行為】

業はまた、善か悪かはっきりした色合いを持った行為とも定義される。何度も言うように、業は行為論・努力論として形成されたものであるから、私たちのこの現実世界での自覚的な行為は、倫理・道徳的に見ると、善と悪に分けるのが最も自然である。したがって、とりあえず善と悪に分類したまでのことで、これが正と邪、正義と不義、あるいは公正と不公正といった徳目に組み替えられても一向に差し支えない。要するに、行為が倫理的なものを基準にして、二つに色分けできればそれでよいのである。

飯を食えば腹はふくれるし、飛行機に乗ればフランスに行くことができる。これらも自覚の上で行なった行為で、腹がふくれ、フランスに行き着けるという結果をもたらすが、これらは善悪というはっきりした色合いのついた行為ではないから、ここに言う業の概念からは除外される。ここには倫理・道徳的な視点の入り込む余地はないからである。

【苦か楽の果報】

このように、業は行為論・努力論という建前から、明確ではっきりした意思を持ち、善悪の性質を持つ行為と定義されるのであるが、さらにこのような行為が苦か楽かの果報を持つものと定義されることも忘れてはならない。

強盗殺人という、はっきり悪と断定しうる行為を行なったとしよう。これは明らかに業であるが、このようにすさんだ悪の行為は、必然的に心をささくれ立ったものにし、さらに次なる犯罪を引き起こす引き金ともなり、麻薬や覚醒剤の常習者となる誘引になるかもしれない。強盗殺人をこのように捉えると、悪が悪を呼び、悪業は悪業を引き起こすという関係になる。そうとすると、この結果は苦や楽ではなく、原因と同じ性格を持つ悪であるから、このような関係も行為論・努力論としての業の範疇から除外される。これらの悪が、友人を失い、不安にさせ、人生を破滅させるという、性質の違った結果としての「苦しみ」として結実したとき、これを業と言う。

以上のことを仏教学的に言うと、善因楽果・悪因苦果という異熟因—異熟果(5)の関係を「業」とするということになる。すなわち、原因たる行為が善か悪かはっきりした性質を有し、その結果が苦か楽かという性質のはっきりしないもの——これを仏教学的に「無記(6)」と言い、善か悪か決定できないということを意味する——であること、こうした関係に業を限定するのである。

【自由意思】

なぜこのように業を細かく限定したのかと言えば、業が宿命論と混同されることを避けようとしたからである。もし悪が原因となって次なる悪を呼ぶとすれば、この悪がさらに原因となって次なる悪を呼ぶことになり、いったん悪をなしたものは永久に悪を犯しつづけなければならなくなってしまいかねない。ところが、結果が善でもなく悪でもない無記であれば、この無記は次なる原因とならず、したがって結果を引かないから、たとえ悪なる行為を行なったとしても、その結果は苦として実って終わり、ここで業は終結して、次には新しい自由意思による行為の生ずる余地を生むことになる。

確かに、いったん起こした悪はなかなか善に転換しにくいというのも事実であるが、決してそれに留まるものではない。私たちはいつでもどこでも自由な意思によって善なる行為を起こすことができ、その結果、幸福（楽）を呼ぶことができるという、自由意思の範囲を尊重することで「業」は成り立っているのである。したがって、もし自分が不幸（苦）に陥っているとしても、それは自らが呼び起こした結果なのであるから、それを引き受けなければならない。幸せになりたかったら、善を行ない、悪を慎みなさい、と教えたのである。だから、業は行為論であり、努力論である、と言われる。

【結果にこだわるな】

また、業の結果が無記でなければならないということは、ある面では結果にこだわってはならないということを表わしているとも解釈できる。無記であるとは、余計な分別・判断をなしてはならないということだからである。

私たちは幸いにして、ここにこうした性格と体形を持った人間として生まれ育っている。先天的に持って生まれた部分も業の結果であり、その一部を現在では遺伝の法則で説明しているのであるが、もし日本人として生まれたことを呪い、病弱に生まれついたことを恨むとすれば、それは無記なる結果を何らかの先入観をもって分別しているだけのことで、むしろこだわりと言わなければならない。そもそも、業の結果は記別してはならないものだからである。

【未来に向かって】

このように、業の思想はあくまでも行為論・努力論として提示されたものであるから、いたずらに過去を振り返るべきではなく、未来に向かって前向きに積極的に捉えるべきものなのである。つまるところ、業の思想は、よい行ないをしなさい、そうすれば幸せになりますよ、悪い行ないを慎みなさい、もし悪い行ないをすれば苦しまなければならないが、それは自分が自分で蒔いた種であるから、その責任を他人に転嫁してはなりませんよ、という以外にはないのである。

【ダルマとしての業】

もっとも、以上のような議論を一概には信じられないという人も多いに違いない。私たちの身近にもコツコツと地道に努力し、誠実に生きているにもかかわらず、次から次へと不幸に見舞われる人がいるかと思えば、ちゃらんぽらんで、他人のことなどどこ吹く風、「少しぐらいの法律違反は罰金さえ払えばそれでチャラさ」などとうそぶく人が、経済的にも社会的にも恵まれた境遇にいるという場合が少なくないからである。

筆者も、「善因楽果・悪因苦果とおっしゃるけれど、あなたは本当にそれを信じているのですか」と真顔で質問されたことがある。それに対して、私は次のように答えざるを得ない。

「業は信じるとか信じないという次元のものではなく、ダルマ（理法）なのだから、信じようと信じまいと、善因楽果・悪因苦果なのですよ」

と。

すなわち、甘い果実の種子を蒔けば甘い果実を得、苦い果実の種子を植えれば苦い実がなるように、善い行ないには幸福が訪れ、悪い行ないには不幸が訪れるということは決定しているのである（『出曜経《しゅつようきょう》』巻二、『法句経《ほっくきょう》』(7) 巻上、『法句譬喩経《ほっくひゆきょう》』巻三）。

しかも、業は今のこの世だけに働くものばかりではなく、前生から今生へという関係がある以上、今生から次の生へという関係があることはもちろん、ひょっとすると今生から間を置いて次の次の生へと繋がる可能性もあるのであって、これらが順現受業《じゅんげんじゅごう》・順生受業《じゅんしょうじゅごう》・順後受業《じゅんごじゅごう》（8）と呼ばれる。

したがって、悪業を行なう者が今かりそめの幸福を楽しんでいるように見えても、火が灰に覆われてそれとは分からないが、それを踏むと大火傷《やけど》をするように、ただ苦果が潜んでいるだけのことであり（『婆沙論』巻五一、『仏本行集経』巻四三）、借金をした者がしばらくは楽しい思いをしたとしても、期日がくれば債権者から返済を迫られてどこまでも追われなければならないように、いつかは苦しみの果をもたらすのである（『婆沙論』巻二〇、『大智度論』巻五、『中論』巻三）。

【業は霊妙】

しかも、現在の苦しみはどんな悪を行なったからとか、今ある楽はどんなよい行ないをしたからとかいう業の関係を知りうると思うのは私たちの思い上がりで、業がどのような果報を結ぶかということは極めて霊妙であり、

> 業の果報を結ぶことは不可思議であり、これを思慮してはならない。もし思慮すれば狂気・困惑をもたらす（AN. IV-77）。

とされている。さらに、仏にはほかの聖者にはない十の能力（十力）（9）が備わっているとされているが、『ヴィスッディマッガ』（10）という書物では、その十の能力の中でも業の果報を知る力は最も深いもの

であるとさえされている。したがって、業と果報の関係は機械的に安易なレベルで捉えるべきではない。

しかしながら、このように説明することは、単なる逃げ口上としか理解されないかもしれない。そこで、さらにその背景をも含めて、もう少し深く、そして広く業思想を考えてみよう。

【業＝縁起】

これまでの説明からもある程度の予測がつくように、業の思想は言い換えれば因果の思想であり、因果は縁起と同義であるから、業の思想は縁起の理法の一部である。その証拠に、原始仏教経典の中でも最も古いと考えられている『スッタニパータ』は、

ありのままに業を見る賢者は縁起を見る者であり、業とその果報を知る者である（第六五三偈）。

と言っている。ほかの原始仏教経典も、

この身体は前世の業によって作られ、感受されたものであると知らなければならない。そこで比丘たちよ、縁起の理法をよくよく聞いて、十分に理解しなさい（SN. 12-37）。

と言う。

そこで、縁起をもう一度振り返って見てみよう。縁起はリンゴが木から落ち、投げ上げたものは遠からず落下しなければならないという万有引力の法則と同様の真理であった。したがって、縁起の一部分である業は、信じる信じないにかかわりのない真理ということになる。

ところで、阿毘達磨仏教の縁起説は、客観的世界のすべてを合理的に解釈しようとした六因四縁五果説であった。ここには自然現象やら社会現象やらも説明しようという意図が含まれているのであるが、人間の行為一般に限ってみると、次のようになる。先に触れたように、業の思想として説明してきたものは異熟因―異熟果に当たり、一つの殺人が次なる悪の呼び水となるというのは同類因―等流果(11)である。しかしこの関係には、たとえば、われわれの身体は刹那刹那に変化して、一瞬前の身体と一瞬後の身体は決して同一ではないのであるが、あたかも同じ身体のように見える、というような関係も含まれる。また、飯を食えば腹がふくれるというのは、同時因果と解釈すれば倶有因―士用果(12)に相当する。そして、飛行機に乗ってフランスへ行くというのは、その間に事故もなく障害もなかったという面を捉えれば能作因―増上果(13)という因果関係になる。

したがって、異熟因―異熟果の業の関係は、善悪・苦楽に収斂されるように、特に人間の踏み行なうべき倫理的・道徳的行為にスポットライトを当てて、縁起の多彩な面から切り取って見せたということが分かるであろう。

【業ですべてを説明できるか】

しかし、「業」はダルマであるとしても、私たちが幸せになったり、不幸せになったりするのは、すべて私の行為によると言えるであろうか。たとえば、ここにこうして生まれてきたについては、私の父や母は何のかかわりもないのであろうか。あるいは、私がこのような人生を送っていることに、ほかの人々の行為が何のかかわりも持たなかったのであろうか。政治や経済の影響は受けていないのであろうか。

【人は母親のお腹に生まれる】

たとえば、誕生については次のように言う。仏教では、この世への誕生を母体から出る時とするのではなく、受胎の瞬間とする。人間は母親のお腹からオギャーと生まれてくるのではなく、母親の胎内に生まれる。受精したときから人生は始まるということである。したがって、堕胎は明らかに殺人罪である。また、仏教における成人（14）は満二十歳であるが、それも受胎から起算するので、今日風に言えば満十九歳と二か月ということになる。

【誕生の三条件】

このように、人間の一生は受胎の瞬間から始まるのであるが、それには三つの条件が満たされることを必要とするという。その一つはガンダルヴァが現前すること、二つは父母が交合すること、そして三つめは母の身体が受胎に適した状態にあることである。

ガンダルヴァ（15）とは、中有（16）の状態にある衆生のことである。衆生を四つに分けたうちの一つで、受胎の瞬間を「生有《しょうう》」と言い、現在の生存中の存在を「本有《ほんう》」、死ぬ瞬間を「死有《しう》」と言って、この死有と次の生有までの中間の存在を「中有《ちゅうう》（16）」あるいは「中陰《ちゅういん》」と言う。この期間が四十九日間であることから、人の死後四十九日間を中陰と言って、喪に服する習慣ができ上がった。この中有をガンダルヴァと言うのは、この状態にある衆生は香を食して生存するからであって、天に住む妖精の名を借りたのである。死者に暖かいご飯や花や香を供えるのは、このためであるとされる。

【意成】

ところでこの中有は、次に生まれるべき生を感じる業によって生じたもので、「意思より生じ、意思に乗ずるものであるから」意成《いじょう》とも名づけられる（『婆沙論』巻七〇）。要するに、この世で死んで、次の世に生まれようとする衆生の意思を象徴的にガンダルヴァと呼んだのである。したがって、ガンダルヴァが現前するということは、この世に生まれようとする衆生の意思がなければ受胎はあり得ないということを意味する。生まれてくる子の意思が直接因である所以である。

【父母の交合】

次に、父母の交合というのは、精子と卵子が結合することである。これは父親と母親の肉体的な交合を意味するばかりでなく、たとえそれが無意識的なものであったとしても、父と母の福業、すなわち幸福を得たいという意思が積み重ねられてきた結果として合一は達成される。したがって、ガンダルヴァが現前していたとしても、父母に子供が授かるという福業としての意思の合意がなければ、受胎ということも起こらない。肉体的交合がなされても子供ができない夫婦があるのは、これはこれで業の結果である。

【母の状態】

そしてさらに、ガンダルヴァが現前し、父母の交合がなされたとしても、母親の身体が妊娠に適した状態でなければ受胎には至らないから、これを第三の条件として掲げた。したがって、父親と母親は生まれてくる子の間接原因として立派に関与しているのである。

このように、業の思想から言えば、この世に生まれてくるのは、私の意思があるからということになるのであるが、もう少し広く大きい視点から見てみると、決して私一人でこの世に生まれてきたのではなく、父や母の業もからみあっているということも忘れてはならない。

共　業

【衆生に共通する業】

しかも、仏教には《共業《ぐうごう》》という考え方があって、社会的なものも、ひいては自然現象とされるものも、すべては私たち衆生全員の行為の結果だとする。共業は衆生に共通する業という意味で、この果はまた衆生が等しく共に受ける。

たとえば、私たちの住むこの宇宙を、仏教では三千大千世界《さんぜんだいせんせかい》と言う。「三千大千」というのは、1000×1000×1000のことであって十億を意味し、この世界は十億個の星から成り立っているとする。いわば銀河系宇宙である。これを「一つの三千大千世界」と言い、これが「十方」にあるから、銀河系宇宙のような宇宙がほかにもあるわけである。これがアンドロメダ星雲のようなほかの銀河系宇宙（17）ということになる。これら大きな宇宙を構成している、その一つ一つの星は須弥山《しゅみせん》という大きな山を中心として成り立っているので、これは須弥山世界と呼ばれる。

【須弥山世界】

須弥山世界の構造は、須弥山を中心として東西南北に四つの島があり、南の島を南閻浮洲《なんえんぶしゅう》（18）と言って、これがわれわれ人間の住むところである。これは下辺の狭い三角形のような台形をしていて、北のほうには九つの山と雪山という山があり、ここからガンジス河やインダス河など四つの大河が流れ出ていると言うから、インド半島をイメージしたものである。ほかの島にも人類が住んでいるが、その顔形は島と同じ形で、寿命も異なる。たとえば、北にある北倶盧洲《ほっくるしゅう》は顔は四角で寿命は千歳、この南閻浮洲の人は逆三角形で寿命は不定、十歳から八万歳までの間を増減すると言う。とすれば、南閻浮洲がインド人で、このインド人が仏教の受け手であり、われわれ日本人は東の東勝身洲《とうしょうしんしゅう》人に当たるのであろうか。もしそうであるとすると、顔は半月形で、寿命は二百五十歳とされている。しかし日本人も、南閻浮洲の住人ではないかと思わせる部分もないではない。今から二千年も前のことであるから、インド以外の事情がよく分からず、勢いインド中心とならざるを得なかったのであろう。

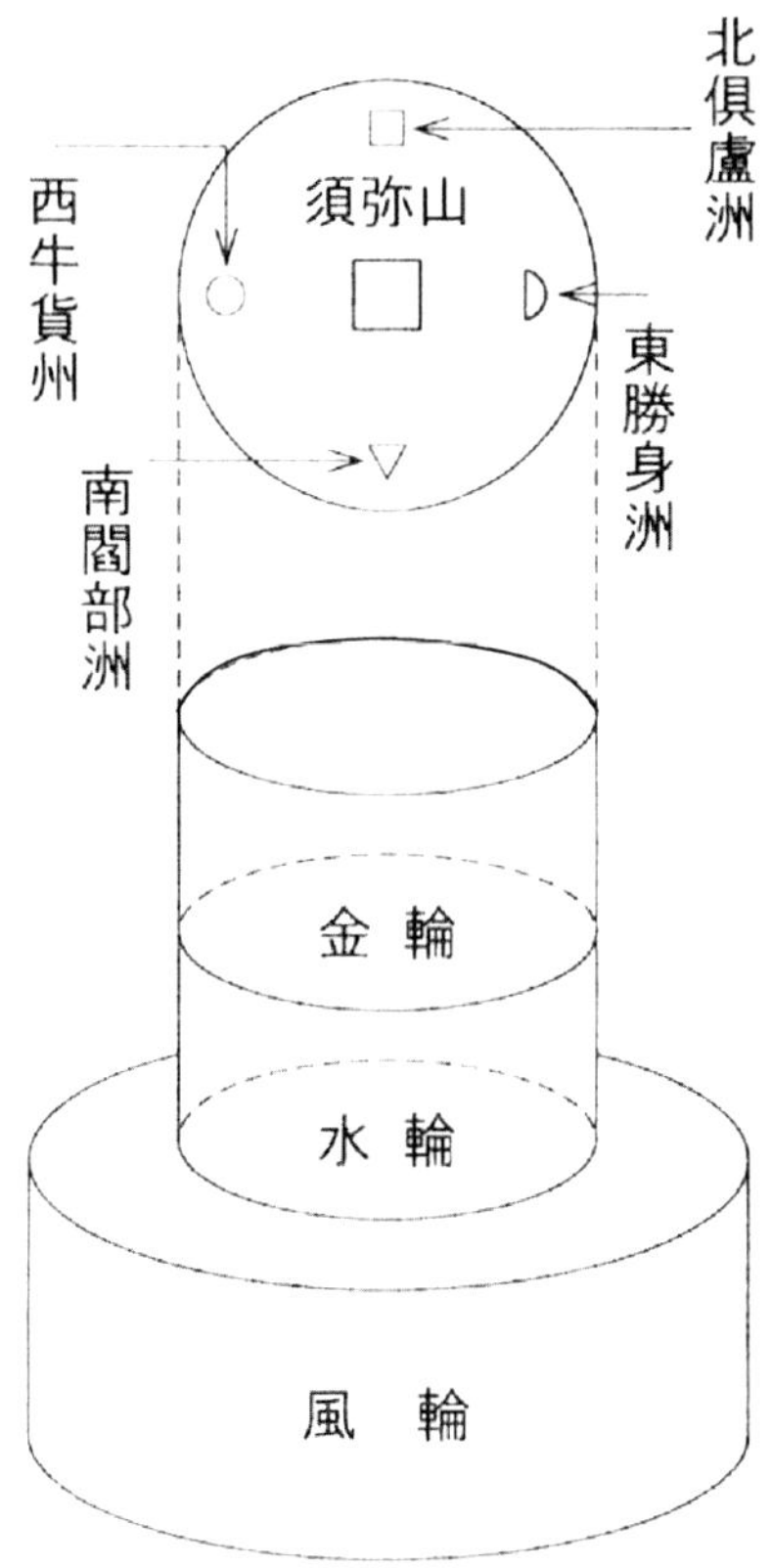

【三界】

そして須弥山の上空に「天」の住む世界があり、南閻浮洲の下には「地獄」がある。こうした世界に地獄・餓鬼・畜生・人間・天が暮らしており、これらをひっくるめて「三界《さんがい》」と言う。女性にははなはだ失礼なことわざであるが、「女三界に家なし」などと言われるときの三界である。三界とは欲望に渦巻く「欲界《よくかい》」と、性欲・食欲などの欲望がなくなったものの、まだ物質がある「色界《しきかい》」と、ただ精神のみの「無色界《むしきかい》」を言い、地獄から人間までは「欲界」に属し、天は三界に散らばっている。「男はつらいよ」の舞台となった柴又帝釈天の「帝釈天」は欲界に住む天であり、インドの最高神とされる「梵天《ぼんてん》」は色界に住しているとされる。

【日蝕・月蝕】

仏典では、この須弥山の周りを太陽と月が回っていて、太陽と月の位置関係で日蝕や月蝕が起こり、また月の満ち欠けや、夏や冬の季節があると考えていた。何しろ今から二千年も前の天文学の知識であるから地動説ではなく天動説であり、今日の常識からするとおかしなところも見受けられるが、しかし当時の純科学的な態度で得られた結論であり、決してこれに固執していたわけではない。もともと「あるがまま」を「あるがまま」に見ることは、見る道具が発達し、世界が広くなればなるほど正確になるものだからである。

ところで、この須弥山世界は決して神の創造したものではなく、また偶然にできたものでもない。これも衆生の業が寄り集まって形成されたとされる。紀元五世紀ごろの世親という人が書いた『倶舎論』

という書物の説明するところによると、この須弥山世界が形成されて、存続し、衰えて、滅してしまうまでの期間が一大劫であると言う。これを『倶舎論』の言うところに従って試みに計算してみると、一大劫（19）は約十二億八千万年になる。したがって、これによれば地球は十二億八千万年の寿命ということになるのであるが、今日の学説によれば、地殻の最も古い層の年齢は十億～三十億年と言われ、寿命は五十億年ほどとされている。したがって、この『倶舎論』の説も、まんざら現代の科学とかけ離れているわけではないと言えるであろう。

【小の三災】

それはさておき、この地球が滅亡するのは火災や水災や風災の三災であるとし、これらももとより衆生の共業による。この滅するありさまは、次のように説明されている。滅亡の兆しは戦争で、これを「刀兵災《とうひょうさい》」と言い、続いて「疫災《えきさい》」すなわち疫病が流行し、最後に飢饉すなわち「飢饉災」がやってくる。これを小の三災と言うが、この原因は美食に耽ること、怠けること（懶惰）とされており、殺生しない、薬を布施し、食べ物を布施するなどすれば防ぐことができるとされているから、要するにすべて人災と言うことができる。

【大の三災】

そして、この三災が繰り返されると、何度かに一度、火災が起こるようになる。これを地球を焼く「劫火《ごうか》」

と言う。そして、さらに水災が起こり、風災が起こって、ついには地球が滅亡する。これを「大の三災」と言うが、要するにこれも遠因は「有情[20]の業の増上力」である。もし小の三災が起こらなければ、これら大の三災は起こらないから、これらの災害も防げるわけである。

【三毒】

こうした有情の業の根底にあるのは貪・瞋・痴で、仏教ではこれを三毒[21]と呼ぶ。これらは貪り・怒り・無知を意味する。もし貪り・怒り・無知がなければ、私たちは仏となって極楽浄土に行っているから、地球などというものを必要としない。そういう意味では、われわれは善を行なって人間に生まれることができているが、まだ仏にはなっていない凡夫であるから、心の奥底に貪り・怒り・無知を持っている。しかし、この貪り・怒りを抑え、智慧を育んでいったら小の三災は起こらないし、小の三災が起こらなければ大の三災も起こらないから、この地球で幸せに暮らすことができる。しかし、貪りを起こし、怒りをもって馬鹿なことをやれば、核戦争になって地球が廃墟となる恐れなしとしない。あるいは、エネルギーを無駄使いしていると、北極の氷が溶けて大部分の都市が水没したりすることもありうるわけであるから、この地球が一切衆生の《共業》によって滅亡したり形成されたりするというのも、まんざら荒唐無稽の話ではないと言うべきであろう。

この地球や宇宙でさえ《共業》によるというのであるから、世界の政治や経済といった社会現象が衆生の業の結果であるというのは、分かりやすい道理である。

これが共業の思想である。ところで、ここにこうして存在している私は、父と母から生まれた。その父と母はそれぞれの父と母から生まれ、こうして過去にさかのぼると、類人猿的なものへ、あるいはアメーバ状のものへとさかのぼることになる。私一個の生命は、こうした生物誕生以来の種の保存の原理に従って、連綿として伝えられてきたのである。やはり、これも共業の一種とすべきであろう。したがって私は、私の個人的な《業》とともに、《共業》によっても支えられている。だから今ある私は、私と私たちの責任においてあるということになる。

【人間中心主義】

以上のように考えてくると、仏教の業思想は行為論・努力論として人間の踏み行なうべき行為のありようを示したものであるが、その背後には縁起という大きなものがあることが分かる。それは決して偶然論や神による創造論、あるいは宿命論などではなく、あくまでも衆生を中心とし、その意思を中心としたものである。そういう意味では、仏教は衆生＝人間中心主義という立場に立っているのである。

しかしながら、もう一度落ちついて考えていただきたい。業思想が行為論・努力論として人間の当為を問うものであるとしても、善と悪を分別することは、そもそも分別のなせるわざで、仏教の嫌った先入観や偏見にほかならないのではないかということを。

【業と差別問題】

実は現在、業思想には大きな問題が突き付けられている。それは、業の思想が差別意識を温存させたということである。特に業を、現在の境遇は過去の業のせいで、如何ともしがたい、だから諦めなければならないというように、宿業(22)的に捉えたときに問題となる。

善悪の彼岸

【善と悪】

縁起は原始仏教や阿毘達磨仏教では、現実の迷いの世界を成り立たせているものと把握されていたことを思い返していただきたい。要するに業は、この迷いの世界の中の倫理・道徳を示すにすぎないということを意味する。行為を分別智の所産である善と悪に分類し、果報を苦と楽に分類するのもそのためである。

【何が善で何が悪か】

試みに、何が善で何が悪か、ということを考えてみるがよい。哲学辞典を引いてみると、善は「一般にわれわれにとって価値あるもの、貴重なもの、有利なものを言う。悪の反対。たとえば、このような性質を持つ個々の行為、意志、人間、制度などはみな《善》に数えられる」とされている。当然のことながら、悪にはこの反対の記述がなされている。

ところで、価値あるもの、貴重なもの、有利なものとは、ずいぶん漠然とした表現である。そこで、次に価値あるものとは何かを考えてみるとよい。それは神聖というものであろうか、あるいは武力かもしれないし、貨幣や学歴であるかもしれない。ところが、それらは宗教や信条、あるいは社会体制や時代によって大きく左右される。要するに、善や悪はこのようなあやふやな基準しか持たない、ごく相対的な概念である。

先に、悪の代表的な例として殺人を挙げた。殺人は、宗教・信条や体制・時代にかかわらず、悪であることは明白であるように思われる。しかし、必ずしもそうではない。たとえば、仏教では堕胎は殺人であると言ったが、現代の日本では半ば公然とこれが許されている。あるいは、戦争における殺人はどうであろうか。交戦状態にある国にあっては、むしろ戦争の忌避のほうが罪とされるであろう。安楽死(2)(3)を望む癌《がん》の末期患者にモルヒネを打つ医師は、はたして殺人の罪に問われるべきであろうか。最近の医学や生命科学の進歩に伴うさまざまな問題に、生命倫理の確立が要請されているのも、結局のところは、善悪の判断がつきかねるからにほかならない。

このように、善や悪はもともと宗教・信条や社会体制・時代といったさまざまな条件による分別を経た上で、かろうじて成り立っているといった代物である。だから、いったん社会体制が変わりでもすると、善と悪の基準もいっぺんに逆転してしまうことだってありうる。もちろん、個人によっても、その判断基準は違ってくる。

【善悪は一応の基準】

仏教の覚りは、このような相対的分別を超えて、「あるがまま」を「あるがまま」に見るところにあり、したがって善悪の彼岸にあるものでなければならない。ところが業は、こうした善悪といった相対的規範を当為の目途にするのであるから、当然のことながら、現実の迷いの世界における行為論・努力論としての一応の基準でしかないことが分かる。

【有漏善・無漏善】

無分別智を得ていない私たち衆生は五取蘊と把握され、私たちの行なう肉体的活動も精神的活動も、すべてすでに煩悩に影響されていないものはなかった。したがって、私たち凡夫の行なう行為は、たとえ善であっても煩悩に影響されていないものはないのであって、そこで私たち凡夫の行なう善を《有漏善《うろぜん》》と呼ぶ。「有漏」とは煩悩に影響されているということで、これに対して煩悩に影響されていない善を《無漏善《むろぜん》》と呼ぶが、これは無分別智を獲得した聖者にしかなし得ない。

要するに、分別智をもととして判断する善悪は、多かれ少なかれ利害得失を前提にしたもの以外にはないのであって、「罪なき者石もて打て」(24)と言われて、打てる者がいないのも当然と言えるのである。

【苦・楽】

そこで、苦・楽ということも、また改めて問題となる。苦も楽も人によってその感じ方はずいぶん異なるから、これらも相対的なものにすぎない。そこで、無分別智の立場からは、苦と感じられるものはもちろん、かりそめに楽と感じられるものも、いつかは崩れ去って苦とならざるを得ないし、一切の現象は生滅変化をまぬがれず、それは苦にほかならないから、すべては苦苦・壊苦・行苦の三苦(25)の中に収められ、結局「一切皆苦」ということになる。

十二縁起説が、「無明」と呼ばれる相対的分別智をもとにして「老死」という苦しみが生じるというのは、こうしたことを表わす。

【迷いの世界の規範】

また、阿毘達磨仏教における六因四縁五果(26)説も、覚りは縁起の枠外にある離繋果と捉えられ、これは因も縁も有しない択滅無為であると把握されていた。したがって、業に当たる異熟因—異熟果も、殺人行為が次なる犯罪の呼び水になるという同類因—等流果もすべて有為、すなわち迷いの世界を説明しようとしたものであって、迷いの世界はつまるところ苦しみの世界であるから、善因楽果・善因善果も所詮、孫悟空がお釈迦さまの手の平の上で得意がっていたのと同様、苦しみの世界でのせめてもの倫理的・道徳的行為であって、気安めにすぎない。

ということになると、仏教は、最終的には業論・行為論・努力論による人生観を超える人生観を求めている、と言わなければならない。

業を超える業

【業を滅尽させる業】

仏典において業は、

（1）　黒業

（2）　白業《びゃくごう》

（3）　黒白業

（4）　非黒非白業

と分類されることがある。黒は悪、白は善を意味するから、黒業は悪業を白業は善業を指し、黒白業は善と悪が混在する業を言う。しかし、ここでは「非黒非白業」に注目すべきである。非黒非白業を悪と善に当てはめると、悪でもなく善でもない業ということになって、いわば性質のはっきりしない、あやふやな業と解釈されそうであるが、実はここに用いられる「非」という言葉は、むしろ超越するとか枠組みを離れるという意味に解すべきもので、悪をも善をも超越した業、悪とか善という相対的な枠組みを取り外した業という意味である。要するに、仏典が「非黒非白の涅槃」(AN. 6-57) と言うように、非黒非白は覚りを意味するのであり、さらに

非黒非白なる業は非黒非白なる果をもたらし、業の滅尽に導く。

と言うように (MN. 57　狗行者経、DN. 33　等頌経、AN. 4-231〜236)、この業は、業を滅尽させる業なのである。

【絶対善】

善とか悪は相対的な範疇の中にあるもので、こうした分別をすること自体が迷いであったわけであるが、この非黒非白業はそれを超越した業と言うのであるから、無分別智による業ということになる。言葉を換えれば、それは覚りの業であるから、現世的・相対的な迷いの業を滅し、解脱する業ということになる。もし善であろうと悪であろうと、業には必ず結果が伴うものであるとすると、現実生活には業がつきものであるから、いつまでたっても輪廻転生を繰り返さなければならない。だから、解脱のためには、過去の業を消す業も必要となる。したがって、非黒非白業は善悪の彼岸にある、善悪を超越した絶対善なる業とでも言うべきであろう。

【八正道】

それでは、この非黒非白業というのはどのような業なのであろうか。仏果を得る、善悪を超越した業と言うのであるから、あるいは神秘的で超越的な体験を伴うものと解されるかもしれない。あるいは、身体を痛めつけるような厳しい苦行と見る人がいるかもしれない。滅とか解脱、あるいは無為をもたらす業なのであるから、普通一般の行為を指すと考える人は少ないであろう。ところが、仏典ではこれを八正道とする（『中阿含経』巻二七、AN. 4-235）。

八正道というのは、ごく常識的に辞書風に解説すると、次のようになる。

【正見】

（1）正　見　正しい見解

【正思】

（2）正　思　正しい思惟

【正語】

（3）正　語　正しい言語的行為

【正業】

（4）正　業　正しい身体的行為

【正命】
(5)　正　命　　正しい生活法

【正精進】
(6)　正精進　　正しい努力・勇気

【正念】
(7)　正　念　　正しい注意

【正定】
(8)　正　定　　正しい精神統一

要するに、八正道は文字どおり八つの正しい道という意味であるが、ここで問題となるのは、その《正しい》という言葉が何を表わすかである。

仏典では、さとうきびや桃などの種子を地に蒔いて灌漑すれば、うまい果実を得ることができるように、正見の種子を蒔けば正思ないし正定の果を得ることができると説かれる（『雑阿含経』巻六、『増一阿含経』巻八）。このように、八正道の根幹にあるのは正見である。正見さえ得られれば、正思ないし正定の残り七つの正しい行ないは後についてくると言う。

【何が正か】

さて、その《正見》であるが、仏典ではこれを、仏教的な正しい智慧を持つことと定義され、それは何かと言えば、四諦を「あるがまま」に知見することと説明されるのが常である。すなわち、「あるがまま」を「あるがまま」に知るという無分別智に立つことが正見である。そして、「あるがまま」を「あるがまま」に見る智慧が備われば、思考も、言語的・身体的行為も、生活も、努力も、注意も、精神統一も正しいものとなるのは必然である。そして、これらの八つの正しい行為が無分別智を基盤とする以上、それが覚りに導き、分別的な善悪業たる迷いの生活を滅し解脱する、というのもまた当然である。だから、「あるがまま」を「あるがまま」に見ることができるということが「正」の基準になる。

【中道】

そして、この八正道は、

比丘たちよ、これらの二辺に近づいてはならない。二辺とは何か。もろもろの欲望においてほしいままに欲楽を楽しむことであって、それは卑しく、下劣であって、凡夫の行ないであり、尊くなく、正しくない。また、自己をいたずらに疲労させるのは、苦しみであり、尊くなく、正しくない。比丘たちよ、これらの二辺を離れて、如来によって智慧を生じ、涅槃に導く中道がさとられたのである。比丘それでは比丘たちよ、如来のさとった智慧を生じ涅槃に導く中道とは何であるか。それは即ち八正道であって、正見・正思・正語・正業・正命・正精進・正念・正定である（Vinaya ほか）。とされるように、「中道」とも把握される。

この場合の中道は、この文章からも分かるとおり、苦行と楽行を離れた「苦楽の中道（28）」と称される。中道にはこのほか、断常の二見を離れた中道（29）とか、大乗仏教の理論的体系化に大きく貢献した『中論』という書物の「不生不滅、不常不断、不一不異、不去不来」を内容とする「八不中道（30）」があるが、中道がいずれも無分別智という智慧の立場である以上、苦楽とか有無という相対的枠組みを飛び越えたものであるのは当然である。

このように、八正道とは中道であって、苦行（31）にも楽行にも偏せず、しかも「あるがまま」を「あるがまま」に見るというところに基盤を置くのであるから、非黒非白業は決して神秘的体験を伴ったり、身体を痛めつけたりするものではなく、フランス料理はフランス料理として、屋台のラーメンは屋台のラーメンとして味わうという、ごく素朴な生き方であるということに注意しなければならない。そして、これが涅槃に導くのである。

【善と正の違い】

そこで老婆心ながら、分別智で得られた「善」と、それを超越した無分別的な「正」とがどう違うのかを簡単に見ておこう。たとえば、我が子に英才教育を施すという場面を想定してみよう。我が子が将来、大蔵省にでも入って、よき伴侶を迎え、社会的な名誉をも獲得して、安定した生活を得るために小学生のころから塾通いをさせようというのは、一流大学、エリート官僚、家柄のよい妻、高収入というさまざまな分別基準をもととして判断された《善》なる行為である。

一方、我が子に数学的才能を認め、それを最大限に伸ばしてやりたいとして家庭教師をつけ、高度な教育をほどこす大学に入学させようとするのは、「あるがまま」を「あるがまま」に見た結果生じた自然な働きであって、そこには分別智による余計な先入観が介在していないから《正》なる行為である。したがって、同じ英才教育と言っても、片や受験技術の習得やつめこみ式の暗記学習が中心になるであろうし、もう一方はのびのびした思考力を伸ばす方向に向かうであろう。

前者の考え方は、したがって業の世界であり、後者は業を超越した非黒非白の世界ということになる。

【現実生活の上での善悪】

しかしながら、また次のようなことも見逃してはならない。確かに、仏教は善悪を超えた彼岸での行為を真に価値のある行為とする。けれども、一方では業の思想を認め、この実行を勧めている。したがって、業を超える業は、決して現実生活の上での善悪の業を否定するものではないということである。いやむしろ、仏教者といえども霞を食って生きてはいけないから、社会生活をしなければならない。ところが、一般社会での生活は、相対的な判断を余儀なくされるケースに出会わざるを得ない。このような時に、こうした判断を回避することは、むしろ社会的責任から逃避する結果を招きかねない。

【心臓移植】

たとえば、心臓移植ということを考えてみよう。そのためには、脳死を個体の死と認定するかどうかということが問題となる。しかし「あるがまま」を「あるがまま」に見る無分別智の立場からは、心臓死が死であるか、脳死が死であるかの判断をつけるべきではないということになろう。心臓死も一つの死であり、脳死も一つの死であるからである。ところが、こんな答えでは、現実的な倫理基準にはならない。現実的に二者択一をするということも必要である。

このように、現実生活の上では、善悪・是非の相対的判断が不可避的に迫られる場合があり、このような時には、現実という枠の中で進むべき道を決定していかなければならなくなる。その時の判断基準が業の思想であって、ここに行為論・努力論としての意義が再認識されるのである。

【無分別の立場からのチェック】

ということは、結局、無分別智という真諦の立場と、現実に根ざした俗諦の立場との両輪があいまって、初めて覚りの彼岸に行き着くことができるという中諦の立場が、人生観の上でも要求されることになる。「あるがまま」を知る力が、正しい意思決定や生活を導くということは、無分別智の力が、現実世界にも生かされなければ意味がないということを意味する。

すなわち、善因楽果・悪因苦果であるから、自らの行為には自らが責任を持って「諸悪莫作、衆善奉行(32)」を実行せよ、しかしながら善悪の判断は、時と場所と人という枠から逃れることのできない、あくまでもかりそめの基準であって、したがってこれを絶対化するのではなく、予断や偏見を捨て去った「あるがまま」を「あるがまま」に見る立場から絶えずチェックすることを怠るな、ということになろうか。

廻向

以上に説明した業や縁起、あるいは業を超える業という思想は、原始仏教や阿毘達磨仏教の教えである。そこで業や縁起は迷いの世界を説明するもので、業を超える業は縁起を超えた無為の世界となる。二つの世界は、教義の上では、交叉することはなかった。

【仏の世界】

ところが、大乗仏教になると、仏や覚りをも視野に入れた世界観に拡大し、そこで仏や覚りの世界も縁起の働く世界と解されるに至った。無分別智の覚りの世界にすわりをおく大乗仏教では、迷いの世界と覚りの世界を分別しないからである。

このような立場では、縁起の一部である業も、覚りの世界に含めて理解することもできなくはない。修行が業であって、その結果得られる覚りが果報であると考えればすむことである。先の非黒非白業が覚りに導く、業を滅し業を超える《業》と把握されていたのも、その一端を表わすものにほかならない。たとえば、阿弥陀如来が報身仏[33]と呼ばれるのは、法蔵菩薩の時代に四十八に上る誓願を起こして、無量劫にわたって非黒非白業たる六波羅蜜を修して、ついに仏としての果報を得たと考えられたが故である。しかし阿毘達磨仏教では、迷いの世界と覚りの世界は交叉しないという原則のもとで、因果を離れた果だけの「離繫果」という、奇妙なものを設定することで、落とし所を見つけるしかなかった。分別智に訴えかけるという限界が露呈されているわけである。

【自業自得】

ところが大乗仏教では、自は自でありながら自ではなく、他は他でありながら他ではないという、一即多、多即一という立場にすわりを置くから、「自業自得[34]」を前提とする業思想は、大乗仏教には必ずしもぴったりとはこない。そこで、業の思想は敬して遠ざけられることになり、ここに新しい生き方が提案された。それが《廻向《えこう》》である。

【廻向】

廻向とはサンスクリット語で'pariṇāma'（パリナーマ）と言い、「向かう」「そらせる」という動詞からできた言葉である。そこで、廻向は自分の修めた善を他にむかって差し向けることを表わす。現在では、生存する者が死者を供養して、善を振り向けることを廻向と言うが、これはその一つの転用である。

自分のなした善業を他人が楽として受け取るというのでは、行為論・努力論としての業思想は成り立たない。大乗仏教は自即他、一即多という「空」の立場に立ち、私は因陀羅網の結び目の一つであって、この私という結び目は他のすべての結び目にある宝玉に映されていると同時に、私の結び目の宝玉は他のすべての結び目にある宝玉を映しているという世界観に立ってこそ、初めて廻向の思想を形成し得たのである。

たとえば浄土教も、こうした廻向の思想の上に立って初めて成立する。衆生の修すべき善業を、無量劫にわたって阿弥陀如来が私たちに代わって修してくれ、それを私たちに廻向してくれているから、私たちはその阿弥陀如来の呼び声に応じて「南無阿弥陀仏」と称えるだけでよい。自業自得は自力であるが、これは他力（35）である。

そこで、大乗仏教は自己中心的な業思想を批判して、自分のために善を修してこれを解脱に振り向けるのは、雨が陸地に降って瞬く間に乾いてしまうようなものであるが、同じ善でも衆生のために廻向するのは、雨が河となって大海に注ぐようなものと言い（『理趣六度経』巻七）、善行は穀物の種子を蒔いて、その果実を諸人と共に食べ楽しむようなものでなければならない（『大智度論』巻四六）と言う。

【毒の混じった廻向】

もっとも、この廻向は自他のこだわりをなくし、自即他という無分別、あるいは無自性・空という縁起の立場を基盤として初めて成り立ちうるものであるから、般若波羅蜜を学ばず、あれこれと行為を分別し、ものへの執着を抱き、自と他を区別し、廻向することを自分のための功徳と考えるようなら、それは毒の混じった食物のようなもので、毒の混じった廻向であると否定されなければならない（『小品般若経』）。

したがって、仏教においては、その行為の基準を業の立場に求めようとも、あるいは廻向の立場で決しようとも、すべての偏見・固定観念を取り払って、「あるがまま」を「あるがまま」に見るという八正道に基づかなければならないということになる。

（1）**無因無縁論**　偶然論に相当する。

（2）**尊祐論**　神による創造説に相当する。

（3）**宿命造論**　運命論に相当する。

（4）**『ダンマパダ』**　〝Dham-mapada〟原始経典の一つで、クッダカニカーヤの中の一経。人生訓を集めたもので、漢訳では『法句経』と言う。古今東西にわたって、最もよく読まれた仏教経典と言っても過言ではない。

（5）**異熟因—異熟果**　第四章「阿毘達磨仏教の縁起説」参照。

（6）**無記**　無記には二つの意味があり、一つは答えないという答え方を意味し、もう一つは今の善か悪かはっきりしない性質のものを言う。

（7）**『法句経』**　『法集要頌経』と並んで、パーリ聖典の『ダンマパダ』に相当する、多くの原始仏教聖典の中から人生の指針となるような名句を選んで編集されたもので、『出曜経』『法句譬喩経』は、これらの句がどのようなシチュエーションのときに説かれたものかという因縁話を付したものである。

（8）**順現受業・順生受業・順後受業**　業の結果がこの生で現われるものを順現受業と言い、次の生で現われるものを順生受業、次の生を飛び越えて、さらに後の生で現われるものを順後受業と言う。

（9）**仏の十力**　業に関しては、業異熟智力＝三世の業とその果報との因果関係を知る力、死生智力＝衆生の死生の時や未来生の善悪を知る力、が含まれている。

（10）**『ヴィスッディマッガ』**　〝Visuddhi-magga〟ブッダゴーサ（紀元五世紀ごろ）が著わした南方上座部仏教の理論体系書で、説一切有部の『倶舎論』に匹敵する文献。

（11）**同類因—等流果**　第四章「阿毘達磨仏教の縁起説」参照。

（12）**倶有因—士用果**　第四章「阿毘達磨仏教の縁起説」参照。

（13）**能作因―増上果**　第四章「阿毘達磨仏教の縁起説」参照。

（14）**成人**　比丘・比丘尼となる資格が生じる年齢。これ以前は沙弥・沙弥尼という見習僧になる。

（15）**ガンダルヴァ**　第四章の最後でも解説したように、ガンダルヴァは結婚・多産の象徴であり、また香りを食う天上の妖精として、中有にある衆生をガンダルヴァと呼ぶこともある。

（16）**中有**　『チベット死者の書』には、死者がこの中有の期間中になすべきこと、死者を送る者がどのような儀式をやらなければならないかなどが、事細かに記されている。

（17）**ほかの銀河系宇宙**　宇宙の規模はもっと大きく、このような銀河が数百個ないし数千個集まったものを「銀河団」と言い、その一例が「おとめ座銀河団」である。ツビッキー（Fritz Zwicky 一八九八～一九七四）らの「銀河団目録」には、銀河北半球で九七〇〇個が登録されているという。

（18）**南閻浮洲**　Jambu-dvīpa の音写で、南贍部洲《なんせんぶしゅう》とも言う。この島の中心に閻浮樹の茂る林のあるところから名づけられた。

（19）**一大劫**　劫については第二章「衆生と人間のあいだ」参照。

（20）**有情**　「衆生」に同じ。これ以降の訳が「新訳」と呼ばれる玄奘三蔵（六〇二～六六四）訳の『倶舎論』の言葉。

（21）**三毒**　衆生の持つ最も根源的な煩悩を毒に喩えたもの。

（22）**宿業**　この世に生まれてくる前の、過去世においてなした業。

（23）**安楽死**　二〇〇〇年十一月二十九日の「朝日新聞」の報道によると、国としては初めてオランダにおいて安楽死を合法とする案が成立した。これまでは刑法上は犯罪であったが、すでに九十三年には、①患者の明確な要請がある、②耐え難い苦痛がある、③ほかに救う手段がない、④ほかの医師と協議する、などの要件を満たせば、医師は刑事訴追を免れることになっていたという。

（24）**「罪なき者石もて打て」**　律法学者たちが姦通罪を犯した女を連れて来て、律法で定められているように女を石で打ち殺そうとした。そこでイエスは「あなたたちの中で罪を犯したことのない者が、まず、この女に石を投げなさい」と言われた。人々は立ち去った。『ヨハネによる福音書』八‐三‐九。

（25）**三苦**　第二章「苦しみと解脱」参照。

（26）**六因四縁五果**　第四章の最後「阿毘達磨仏教の縁起説」参照。

（27）**何が正か**　『中阿含経』三一「分別聖諦経」、『雑阿含経』七八五など参照。

（28）**苦楽の中道**　主に原始仏教聖典に説かれる。

（29）**断常の中道**　主に部派仏教において説かれる。

（30）**八不中道**　これによって空を説明しようとした。

（31）**苦行**　釈尊は成道前の六年間、断食や息を止める苦行をなされた。しかしそれは空中に結び目を作ろうとするような無駄なことで、覚りへの道ではないとさとられた、とされる。

（32）**諸悪莫作、衆善奉行**　「諸仏通誡の偈」と呼ばれる詩の冒頭の句。「悪いことをなすなかれ、よいことをつつしんで行なえ」という意。第三章「無数の仏たち」参照。

（33）**報身仏**　法身・応身とともに三身の一つ。仏となる修行の果報としての功徳を備えた仏を言う。これに対して、法身はダルマそのものを指し、応身は衆生を救済するために現実世界に現われた仏を指す。

（34）**自業自得**　自分のなした善は自分に楽報としての結果をもたらし、自分のなした悪は自分に苦報としての結果をもたらす、ということ。すなわち、自分の行為の結果は自分が引き受けなければならない、ということを表わす。

（35）**他力**　浄土教の思想では、阿弥陀如来がまだ法蔵という菩薩であったころ、一切衆生が仏の名を唱えることによって、極楽世界に往生させたいという本願を立て、これが成就してすでに仏になっているのであるから、これを信じれば、この仏の本願力によって往生できる、とする。この阿弥陀如来の本願力を他力と言う。

結　章　仏教的ものの見方・生き方

いかにして「あるがまま」を「あるがまま」に見られるようになるか

【開祖釈尊】

仏教の開祖と崇められる釈尊には、おそらく自分が新しい宗教を始めるという自覚はなかったであろう。釈尊は「あるがまま」を「あるがまま」に如実知見して仏となったが、ただそれだけのことで、別に新しいことを発見したとか、新しいものを作りだしたとか、自分だけにしか見えないものを見、聞こえないものを聞いた、というわけではないからである。釈尊は仏となったとき、古の聖者たちも覚ったと同じものを覚り、また今の人たちも、未来の人々も覚りうるものであると、確信されたに相違ない。

そこで釈尊は、もしこの自分の体験を、あるいは自分が気づいた「あるがまま」の実相を人に伝えることができたら、ほかの人々も自分と同じ如実知見を得ることができると考えられ、後半生の四十五年間(1)を布教に邁進された。主に自らの生きざまを示すことによって、時には言葉をもって。残念ながら、時代を異にするわれわれは、隔靴掻痒の感を免れがたいこの言葉による聖典に頼らざるを得ないが、それでもこれが残されている限りは、これを頼りに釈尊と同じ境地に到達することができる。

【大乗経典】

しかし時が過ぎ、社会が変化すると、「あるがまま」の実相も変化する。科学も進歩し、政治や社会の情勢も変わってくる。そこで大乗仏教時代に仏になった仏たちは、変化した「あるがまま」を「あるがまま」に知って、それを追体験させるために、新しい見方による、新しい経を作られた。しかし、彼らは自分がその著者だなどと自己主張しなかった。釈尊と同じように「あるがまま」を「あるがまま」に如実知見して仏になったのであるから、釈尊という仏を借りて、釈尊の教えという形をとった。表面に現われる現象は変わっても、縁起の理法は変わらないから、すべての仏の覚りの内容に異なりはない。「唯仏与仏《ゆいぶつよぶつ》(2)」で、すべての仏たちは感応道交しているから、その覚りや説法に何仏でなければならない、ということはないからである。

【智慧】

ところで諸仏の説かれた教えは、諸仏たちが気がつかれた「あるがまま」の実相を言葉で説明したものであった。それが四諦であり、無常・苦・無我であり、空である。また、その成り立ちを縁起説として示された。それが十二縁起であり、六因四縁五果であり、法界縁起であり、阿頼耶識縁起であった。しかし、これらは所詮、月をさす指であり、冷たい水を汲む綆（つるべなわ）にすぎない。私たちは、じかに月を見、冷たい水を味わわなければならない。最も肝要なことは、諸仏の教えを手掛かりに、私たちも「智慧」を獲得することである。

【如実知見】

しかし、仏教における智慧は、決して理解するとか、分かるという次元のものではない。「如実知見」の原語（パーリ語）は、yathābhūta-ñāṇadassana であるように、「あるがまま」を「見る」ことが、すなわち「知る」ことなのである。だからインドでは、仏教もダルシャナと言われる。「哲学」とは「見ること」なのである。

【坐禅】

そこで、仏教では坐禅やヨーガ(3)が尊ばれる。哲学することは坐禅することであり、坐禅することは観察することである。坐禅によって「あるがまま」は観察され、如実知見される。

【三学】

仏教には「三学《さんがく》(4)」という言葉がある。覚りを得ようとするものが踏み行なうべき学処のことで、「戒学」「定学」「慧学」の三を言う。「戒」によって「定」が得られ、「定」が得られて初めて「智慧」が完成するということを表わす。だから、智慧を得るためには坐禅がなければならないが、この坐禅の前提となるものが「戒」であって、そこで「戒」が仏教を行じるときの基礎となる。大乗仏教の百科事典と呼ばれる『大智度論』（巻十三）には、もし人が大善利を求めようとするならば、常に堅く戒を持《たも》つこと、重宝を惜しむがごとく、身命を護るがごとくしなければならない。なぜなら、一切万物、有形の類は、皆大地をもって住するように、戒は一切の善法の住処であるからである。また、たとえば足なくして往かんと欲し、翅《つばさ》なくして飛ばんと欲し、船なくして渡らんと欲しても不可得であるように、もし戒なくして好果を得ようとしてもまた不可得である。

とされている。

【戒】

それでは「戒」とは何であろうか。表面的に言えば、戒めを守って生活を安定させ整えることであるが、より深い意味で言えば、正しい人生観・世界観を確立して生きるということである。『大般泥洹経《だいはつないおんきょう》』[5]（巻二）が「持戒とは自身に真実の法を摂持《しょうじ》することである」と言い、『法華経』（巻四）が、「この経を持することは難しい、もし暫くでも持する者は、これを持戒と名づける」と言うように、仏教の教えを保つこと、あるいは『法華経』を信じる者は『法華経』の教えに従って生きぬくことが「戒」となる。その最も端的に表わされたものが「三帰戒」であって、仏・法・僧[6]の三宝に帰依することが「戒」とされる。仏教徒として自覚的に生きることが「戒」なのである。

しかし、これでは漠然としている。そこで、誰でも守らなければならない生活規範として、「五戒」とか「十戒」が示された。

【五戒・十戒】

「五戒(7)」は、(1)生き物を殺さない、(2)盗みをしない、(3)邪な性行為をしない、(4)嘘を言わない、(5)飲酒しない、の五つを守ること、「十戒(7)」は、(1)生き物を殺さない、(2)盗みをしない、(3)邪な性行為をしない、(4)嘘を言わない、の四つに、(5)二枚舌を使って他人の仲を裂くようなことをしない、(6)他人の悪口を言わない、(7)うわべだけの飾った言葉を使わない、(8)貪らない、(9)怒らない、(10)邪見を離れる、の六つを加えて十項目にしたものである。

【少欲知足】

しかし、これは日常的な最低限の目標であるにすぎない。宗教的な究極の目的に到達するためには、あまりにも幼稚すぎる。そこでやはり、『大般泥洹経《だいはつないおんきょう》』や『法華経』が説くような「戒」を目指さなければならない。そのために必要なこととして、たとえば『倶舎論』の説く修行道の体系では、最初に「少欲知足《しょうよくちそく》(8)」が掲げられ、これが「戒」を導くとされる。「少欲知足」は仏教の最も基本的な生活態度であるが、現代の価値観では、欲望を最大限に充足させることが肯定され、「少欲知足」は最も対極にある価値観となってしまった。

確かに、自由主義経済は今日の繁栄をもたらしたが、そのツケとして地球が人間の棲息を保証し得る限度を越えるほどにもなった。そして今では、欲望は神の領域を侵すまでにもなっている。子のない夫婦は人工授精で望みをかなえ、臓器移植で延命を図り、遺伝子操作で優れたものを生みだそうとする。

しかし、個人的な利益を追求して、合理的な経済活動を行なえば、「見えざる手」によって経済活動はスムーズに行なわれると説いた自由主義経済の父アダム・スミス(9)も、本来はグラスゴー大学の倫理学の教授であったし、積極的な財政支出政策によって経済成長を促し、これが均衡をもたらすと説いたケインズ(10)は、「後少なくとも百年間は、いいは悪いで悪いはいいと、自分にも人にも言い聞かせなければならない。悪いことこそ役に立つからだ」と言っている。少なくとも彼らには、欲望の充足は「悪」という反省があった。

【煩悩は昇華されて菩提となる】

ところが、現代人はこの反省を失ってしまった。その結果、資源は枯渇し、環境が破壊され、人々の心がむしばまれた。何度も書いてきたように、欲望は迷いや苦しみの根源であり、貪り・怒り・無知は世界を滅ぼすことを思い起こさなければならない。大乗仏教が説いた「煩悩即菩提」という提言も、煩悩は否定されるべきものという反省があり、菩提は追い求められるべきものという欣求の思いがあって、初めて意義がある。煩悩と菩提が無条件に、煩悩＝菩提であったなら、煩悩や菩提という異なった言葉があるということ自体が無意味となる。「即」は「非即」があって初めて深い意味を持ちうる。初期仏教のように、煩悩は断じられ、菩提は因果を離れたところで獲得されるというのではなく、煩悩は昇華されて菩提となりうる、というのが大乗仏教の教えなのである。今ここで「少欲知足」という仏教の最も基本的な価値観を見直さないと、人類はとんでもない結末を迎えなければならないことになるのではないか。

【信】

『大智度論』（巻一）という書物に、「仏法の大海には信を能入となし、智を能度となす」という有名な言葉がある。仏教に入るためには、まず信じることが必要で、その結果得られる智慧が覚りを得させると言う。信とは、澄みきって清らかな心、決定して疑いのない心のことで、「心が清らかならば、たとえば清潔な白い布がたやすく色を受けて染まるように」（『長阿含経』巻六、九、三一、四一、『増一阿含経』巻九、二〇、四一、『出曜経』巻六）仏教の教えも心にしみ込んでくる。しかし、それは「不条理なるが故に我信ず」といった、絶対者に対する絶対的な帰依を意味するのではない。これは、インド語では「バクティ（bhakti）」と言い、後のヒンドゥー教（特にヴィシュヌ信仰）において強調された。しかし、仏教の信は「信解《しんげ》（11）」であって、心を澄ませて、心の底から共感することを意味する。

【他人の立場に立ってみる】

このように、仏教の教えを信じて疑いがなければ、「少欲知足」の教えにも素直にうなずくことができるようになる。そうすれば、自分さえよければよいという「自己中心」的な思いも少なくなるはずである。だいたい人間は自己中心的で、自動車に乗っているときには道を歩く人の立場にはなりにくいし、道を歩いているときには車を運転する人の立場には立ちにくい。その底に、自分の欲求は充足されて当然という価値観があるとすれば、他人の立場に立ってみるなどということは、想像だにできないに違いない。

ところが、欲望の充足を手放しに肯定しないで、少しでも反省の気持ちがあれば、他人の立場に立つことなんて、たわいもないはずである。車の邪魔にならないように、さっさと横断歩道を渡る、などということは何でもないことである。

【慈悲】

実は、これが「慈悲」の始まりである。「慈悲」とは、簡単に言えば「ひとの喜びを我が喜びとし、ひとの悲しみを我が悲しみとする」ということで、こういう気持ちになれば、「浄水珠が濁水を清めるが如く、慈悲は怒り・怨み・物惜しみ・貪りを除く」（『大智度論』巻二〇）と言われるように、自分の心も清まる。常識的には、私が覚りを得ないのに他を導くことはできないと思われるであろうが、それは必ずしも正しくない。他を導くことが自分の至らなさを自覚させ、他の仏性を発見してこそ、自分の仏性を蘇らせることができる。これを「自利利他円満《じりりたえんまん》（12）」と言う。自分の幸せは、周りの人々が幸せになって初めて獲得できる。私が幸せにならないと、周囲も幸せになってくれない。「他人の不幸が私の幸せ」と言うのは、寄席芸人の受けんがための言葉であってほしい。

【三聚浄戒】

このように、私を中心とするのではなく、他を先とするものの見方ができるようになると、「戒」も変わってくる。「五戒」や「十戒」は「〜すべからず」という禁止項目が設定されたものであるが、特に大乗仏教では、戒は「三聚浄戒《さんじゅじょうかい》」として把握されるようになった。三聚浄戒（13）は、「摂律儀戒《しょうりつぎかい》」と「摂善法戒《しょうぜんぼうかい》」と「摂衆生戒《しょうしゅじょうかい》」の三つを言う。「摂律儀戒」は禁止条項を守ることであるが、後の二つは善をなし、衆生に利益を与えることを生活信条とするのであって、「戒」により積極的な意味づけがなされている。すなわち、衆生を救済することを目指すことこそが戒と自覚されたのである。

【立場のない立場】

先に何度も述べてきたように、「如実知見」を邪魔するものは、偏見・先入観・固定観念であった。偏見とか先入観とか固定観念というものが身についてしまうのは、物事の一面を見て、それがすべてと思い込むからである。人間はさまざまな角度から自由に評価しなければならないのに、財産の多寡だとか、家柄だとか、出身大学だとか、職業だとか、そんなつまらない世間的な評価基準に影響される。だから、仏教は縁起の立場でものを見ることを教える。物事はどんなものもさまざまな原因や条件から形成されているから、さまざまな角度から見なければならないし、またそれらは絶えず変化するから、固定観念を持ってはなりませんよと。だから、縁起の立場とは、言い換えれば「立場のない立場」で、立場を固定してはならないという立場を意味する。このものの見方、生き方が「八正道」であり、「中道」であるが、そのきっかけが、ちょっと他人の立場に立ってものを見てみるということなのである。

もし、今までしがみついてきた自分を少しでも離れられれば、自分が恥ずかしくなる。いや、自分のよいところも見えてくる。もちろん、そばにいる人たちの評価も違ってくる。そうすれば、世界は見る間に変わって、見えてくるものはまったく違うものになる。

【妙好人】

浄土真宗の信仰者の中に、《妙好人《みょうこうにん》》と呼ばれる人々がいる。「白蓮華のようにすぐれた仏教者」を意味する。この妙好人に注目して、日本の宗教界・思想界、いや世界にまで妙好人を知らしめた禅者として有名な鈴木大拙《すずきだいせつ》（14）は、その著書の中でこれを定義して、「知識に乏しく、社会的地位に恵まれない階級の」すぐれた仏教者としている。

これは、江戸時代の末期に編集された『妙好人伝』（15）以来の、妙好人たちにおしなべて共通する属性の一つを帰納的な結論としてまとめたものであるが、妙好人たちの本質を捉えたものとも言うことができる。なぜなら、知識があって高い社会階層にある者は、伝統と称する弊習、あるいは社会的要請や見栄などが働いて、素直に「あるがまま」を「あるがまま」に見ることが妨げられるからである。その好例が、先に紹介した芦屋の奥方たちである。

ところが「知識に乏しく、恵まれない社会的階級」の人々は、そのようなものに影響されることが少なく、のびのびとした行動が取りやすいから、無分別智により近い。その代表が、これまた先に紹介した下町の長屋のおばあちゃんたちである。

したがって、「あるがまま」を見る目は、学問や知識をまったく必要としない。むしろ素直な心のほうが重要である。それが「信」なのである。

そこで、妙好人の讃仰者たちは、

あはれ此の法門を智ある人は迷ふて信ぜず、邪見なるものは疑ふて謗りをなす。うらやましきかなや、一文不知の尼入道。

と叫ぶのである（藤秀璻『純情の人々――新撰妙好人列伝――』）。

【むすび】

このように、「人の喜びを我が喜びとし、ひとの悲しみを我が悲しみとする」をモットーにし、自分中心から他人の立場に立って物事を考えてみるという「戒」が実践されれば、つまらないことにこだわるこだわりがなくなり、行動の根源となる意思も、考えも、言葉も、行為も、生活も正しいものとなる。そうすると、偏見や固定観念や先入観が消え去って、「あるがまま」を「あるがまま」に見ることができるようになるのである。

（1）**四十五年間**　釈尊は二十九歳で出家して、六年間の苦行の後に三十五歳で成道され、四十五年間布教に邁進されて、八十歳で入滅されたとされる。
（2）**唯仏与仏**　究極的な仏の覚りは、ただ仏と仏のみが知ることができる、という意味。
（3）**ヨーガ**　日本語ではふつう「ヨガ」と発音されるが、インド語としては「ヨーガ」が正しい。仏教の一般用語でもあり、「瑜伽《ゆが》」と音写される。
（4）**三学**　増上戒学・増上心学・増上慧学とも言う。また戒・定・慧に解脱と解脱智見を加えて「五分法身《ごぶんほっしん》」と言う。仏教の最も基本的な修行道階梯。
（5）**『大般泥洹経』**　「泥洹」は「涅槃」の旧訳。この経典は「大乗涅槃経」の一つで法顕訳、六巻。
（6）**僧**　'saṃgha' の音写語。日本語では出家者個人を指すが、本来は出家者の集団を意味する。さらに溯れば、この語はギルドや共和体制の国などの、民主的な組織体を意味した。したがって仏教教団も極めて民主的で平等な運営がなされていた。

(7) **五戒・十戒**　五戒は在家信者の優婆塞・優婆夷が守るべき戒。十戒は「十善業道」と呼ばれ、初めは戒と把握されていなかったが、後に十戒とも呼ばれるようになった。

(8) **少欲知足**　欲する所を少なくして、わずかなもので満足すること。『倶舎論』巻二二には、修行道の基礎は「喜足少欲」であるとする。

(9) **アダム・スミス**　Adam Smith　一七二三～九〇年。スコットランド生まれで、グラスゴー大学とオックスフォード大学で学び、後に母校のグラスゴー大学の学長になった。

(10) **ケインズ**　John Maynard Keynes　一八八三～一九四六年。ケンブリッジに生まれ、イートン、ケンブリッジ大学に学んだ。男爵。

(11) **信解**　原語は、adhimukti、で教えを確信して理解することを意味する。そのほかにも「信」の原語があり、、prasāda、は「心を清らかにすること」、、śrad-dhā、は「信頼すること」を意味する。

(12) **自利利他円満**　自ら覚りを得、他をも覚らせることが、相まって完成すること。

(13) **三聚浄戒**　『瑜伽師地論』『菩薩地持経』などに説かれる大乗仏教の戒で、比叡山に大乗戒壇が設立されてからは、日本仏教はこの戒を拠り所とすることになった。

(14) **鈴木大拙**　一八七〇～一九六六年。金沢市の生まれ。鎌倉の円覚寺で参禅し、明治三十年にアメリカに渡って仏教を弘めた。昭和二十四年に文化勲章受章。著書に『妙好人』『日本的霊性』などがある。

（15）『妙好人伝』　天明四年（一七八四）ごろに、石見国の仰誓が初篇を編集したのに始まる。その後、美濃国の僧純が天保十四年（一八四三）から安政五年（一八五八）にかけて第二篇から第五篇を編集し、一方、嘉永三年（一八五〇）に松前の象王が続篇を編集して、併せて六篇より成る『妙好人伝』が成立した。その後、現代に至るまで数多くの「妙好人伝」が出版されている。

あとがき

平成十二年十月号の『文芸春秋』に、「子どもたちは『現世』を知らない」という表題の座談会記事が収録されている。出席者は劇団四季代表の浅利慶太氏や京都ノートルダム女子大学学長の梶田叡一氏など、総理大臣の諮問機関である「教育改革国民会議」の中の五人のメンバーである。

その中で作家の曾野綾子氏が「私が現在の教育で一番問題だと思うのは、子どもたちが『現世』を知らなすぎるということですね。それは喜ぶべきことでもあるんです。戦争もなく平和が続いて、物質的には豊かだし、愛情深い、一応良識も教育もある親御さんに育てられてきたのですから。しかし、その結果、バーチャル・リアリティーのような、人生に直接触れてない子供が育ってきてしまった」と発言している。そして話題は、十五歳の少年による一家殺傷事件など、少年による凶悪事件に移っていっている。

筆者は本書のなかでしばしば、というよりも、しつこいほど、「あるがまま」という言葉を使ってきた。そして「あるがまま」を「あるがまま」に知らなければならないと訴えてきた。まさしくこれが仏教のものの見方の原点であり、また生き方の原点であるからである。もちろん仏教は普遍的な教えなのであるから、それは仏教徒でなくても、人間であれば誰でも目指すべき生き方である。それをまさしく曾野綾子氏は指摘しているように思える。仏教では苦しみや痛みを「あるがまま」に知れと、四諦でも、無常・苦・無我説でも、十二縁起説でも説いたのであるが、現在では人を殺す罪の意識も、傷つけられ苦しむ痛みも、テレビやパソコンのバーチャル・リアリティーの中だけで体験され、真実の「あるがまま」がさらに如実に知見しにくくなっているからである。

本書は、そもそも私が勤務している大学の、私の担当科目である「仏教学概論」の副読本として書かれた。

「仏教学概論」は、入学したての一年生に、これから四年間仏教を勉強していくために必要な、仏教の最も基礎的な知識を教育するという役割を担っていて、そのためにはまず、仏教学の基礎用語や歴史的事項を解説することを避けて通れないし、そうそう私の意見を押し付けることもできない。しかし私の本当にやりたいことは、仏教とは何か、仏教思想の根本は何かということなのであるが、そうすると一番大事で、また私の一番言いたいことを話す時間がなくなって、学生には仏教の面白さを分かってもらえないし、教える私には欲求不満が残るという、文字どおり隔靴掻痒の感を克服することができなかった。

そこで、まず仏教とはどんなものかを理解してもらえるような、やさしい内容の本を作って、入学早々の四月の終わりから五月の初めの連休に読ませて、レポートを書かせるということを考えついた。そうなると、「あるがまま」を「あるがまま」に知るという仏教の基本を強調せざるを得ない。教科書としてはもちろん、副読本としても少々くだけすぎてもいるし、偏りすぎてもいるのは、こういう因縁があるからである。

それが平成二年（一九九〇）一月に溪水社から発行された（発売元は北辰堂）『仏教思想の発見―仏教的ものの見方―』である。レポートでの本書の評判は上々で、表紙が青色であったので、学生たちは「青本」と言って親しんでくれた。「目から鱗が落ちた」という学生が何人もいたし、卒業してからも繰り返し繰り返し読んでいるという人も多い。また、教育部のテキストとして、これを使って下さった仏教教団もあった。

ところが、本書の元の出版元である溪水社が北辰堂と合併した上、営業規模を縮小して、増刷をしないという方針となって、本書も品切れになったままとなった。そこで仕方なく、この三年間ほど、副読本を使わないという形で授業を進めてきたが、ついに欲求不満が極まって、元の編集者に相談したところ、それでは移った先の国書刊行会で出版しましょうということになった。

しかし、内容は元のままで、出版社を変えて復刊することには気がとがめるので、全体にわたって手を加えることになったが、それが思った以上の大幅なものになった。仏教に対する私の考え方が変わったわけではないから、骨格はそのままであるが、肉づけの部分においては、ほとんど旧版の痕跡を留めなくなった。旧版では行き届かないところも多かったが、この数年の私の教育経験を生かして、相当読みやすくもなったはずである。したがって、まったく新たな著作となったと言ってよいくらいである。そこで書名も改め、また大学での講義の副読本としても使いやすいよう、注記や索引も加えた上で、できるだけ廉価になるように、新しい装いで出版することになった。

旧版に引き続いて、この新訂版が、仏教を初めて学ぼうとする多くの人に親しまれ、役立つことになれば幸いである。

なお、旧版の後書きにも書いたことであるが、本書の編集担当者は畑中茂君で、筆者の大学での最初の教え子である。もともと本書は氏へのプレゼントのつもりで書いたものであるが、筆者が年をとったせいか、この新訂版ではこちらのほうがお世話になることが多くなった。感謝の意を捧げなければならない。

平成十三年三月吉日

著　者

【著者紹介】

森章司（もり・しょうじ）

１９３８年　三重県に生まれる
１９６６年　東洋大学文学部仏教学科卒業
１９７１年　東洋大学大学院文学研究科仏教学専攻博士課程満期退学
１９９５年　東洋大学文学博士
２００７年　東洋大学文学博士依願退職
現　　在　東洋大学文学部教授

主要著書
『仏教比喩例話辞典』（編著）東京堂出版、１９８７年。

『仏教思想の発見―仏教的ものの見方―』溪水社、１９９０年。

『国語のなかの仏教語辞典』（編著）東京堂出版、１９９１年。

『戒律の世界』（編著）溪水社、１９９３年。

『原始仏教から阿毘達磨への仏教教理の研究』東京堂出版、１９９５年。

『原始仏教聖典資料による釈尊伝の研究』〔１〕〔２〕〔３〕（「中央学術研究所紀要」モノグラフ篇　No.１）中央学術研究所、１９９９～２０００年。

『初期仏教教団の運営理念と実際』国書刊行会、２０００年。

『仏教がわかる四字熟語辞典』（共著）東京堂出版、２００８年
『釈尊および釈尊教団形成史年表』（編著）中央学術研究所、２０１９年
『釈尊の生涯にそって配列した事績別原始仏教経典総覧』（編者）中央学術研究所、２０１９年

仏教的ものの見方

「あるがまま」を「あるがまま」に見る

2023年5月31日発行

著　者　**森　章　司**

発行者　**向田翔一**

発行所　株式会社22世紀アート
〒103-0007
東京都中央区日本橋浜町3-23-1-5F
電話　03-5941-9774
Email: info@22art.net　ホームページ：www.22art.net

発売元　株式会社日興企画
〒104-0032
東京都中央区八丁堀4-11-10 第2SSビル 6F
電話　03-6262-8127
Email: support@nikko-kikaku.com
ホームページ：https://nikko-kikaku.com/

印刷
製本　株式会社PUBFUN

ISBN：978-4-88877-214-3